Karoline Gkotses

Tödlicher Kaffee

Ein Adventskalender-Krimi aus Hamburg

Karoline Gkotses

Tödlicher Kaffee

Ein Adventskalender-Krimi aus Hamburg

Verlag:
coffee.and.pencil
c/o Karoline Gkotses
Wiesenweg 21
27389 Fintel
kaffeeliebelegenden@gmail.com

Herstellung: epubli – ein Service der neopubli GmbH, Köpenicker Straße 154a, 10997 Berlin

Kontaktadresse nach EU-Produktsicherheitsverordnung: produktsicherheit@epubli.com

Widmung

Für alle,
die glauben, dass Kaffee mehr ist als nur ein Getränk –
sondern eine Lebenseinstellung.

Für alle,
die Hamburg lieben,
auch wenn's mal derbe schifft.

Für HSV- und St. Pauli-Fans,
die sich gegenseitig kabbeln –
aber im Zweifel doch zusammen 'ne Barkasse retten würden.

Und für dich,
weil du dieses Buch in die Hand genommen hast
und damit bewiesen hast:
Du hast Geschmack.
Oder war's nur der Kaffeeduft?

Egal.
Dat hier is' für dich.

Noch was für die Löffel und Lauschlappen

Du willst das volle Hamburg Gefühl?
Dann hör dir doch beim lesen mal die Spotify-Playlist "Tödlicher Kaffee - Hamburg Krimi" an.
Mit Liedern över'n Hafen, Kiez und 'n bisschen Kaffeeliebe.
Passt immer - wie ein brummeliges Moin.

Einfach den QR-Code scannen:

Vorwort - keen Tüddelkram, aber mit Herz

Moin!

Wenn du dieses Buch in der Hand hast, dann erstmal: Herzlich willkommen in Hamburg – wo der Wind die Gedanken sortiert und der Kaffee die Seele wärmt.

Bevor du jetzt loslegst mit Lesen, hier ein paar Worte von mir, deiner Autorin mit Kaffeefimmel und Herz für die schönste Stadt der Welt.
Also Hamburg. Nicht diskutabel. Punkt.

Erstens:
Die Leute in diesem Buch? Alle frei erfunden.
Wenn dir also jemand bekannt vorkommt – der Barkassen-Opa mit dem trockenen Humor, die Kaffeeverrückte mit den spitzen Fragen oder der charmante Barista mit dem Blick wie'n Sonnenuntergang überm Michel – dann hast du wohl zu viel Fantasie oder zu oft an der Elbe gesessen. So oder so: Ich schwöre hoch und heilig auf mein Franzbrötchen – die gibt's nur im Buch.

Zweitens:
Du wirst merken: Die Schrift is' n büschen größer.
Die Absätze auch reichlich.

Warum? Weil ich finde, Bücher sollen Spaß machen – nicht wie'n Behördenformular daherkommen. Ich will, dass du locker mitliest, auch wenn du grad nur 'ne kurze Hafenpause hast. Oder zwei Glühwein intus. Oder beides.
Das ist mein Stil. Meine Freiheit. Mein Elbsand in der Tastatur.

Drittens – und nun mal Butter bei die Fische:
Dieses Buch ist eine kleine Liebeserklärung.
An Kaffee, an Krimis und an unsere Perle an der Elbe.
An klamme Hafenmauern, dampfende Kaffeetassen, knarzende Barkassen, leuchtende Fenster in der Speicherstadt, an Möwengekreisch, HSV-Stolz, St. Pauli-Schmunzeln und daran, dass wir hier oben immer einen lockeren Spruch auf Lager haben – selbst wenn's stürmt wie beim Hafengeburtstag.

Und noch was, bevor du fragst: Ja, viele Orte in diesem Buch gibt's wirklich, aber nicht immer so, wie beschrieben.
Manche Wege sind verdreht, manche Fassaden haben 'n neuen Anstrich bekommen und hier und da gibt's 'nen fiktiven Anker mehr, als Google Maps kennt.
Denn was wäre ein gutes Buch ohne ein bisschen Seemannsgarn, das sich zwischen den Zeilen spannt?

Also schnapp dir'n Pott Kaffee (oder zwei), mach's dir muckelig – und komm mit mir auf diese Reise durch 24 Kapitel voller Spannung, Charme und hanseatischer Gemütlichkeit. Für jeden Tag im Advent eins.

Denn wie man hier sagt:
Nich lang schnacken, Kopp in Nacken – und rein ins Vergnügen!

Deine
Karo mit Herz für Hafen, Humor und Kaffee

1. Dezember

Ein Kaffee namens Sehnsucht

Stille. Kein Barista-Ben. Kein Duft nach frischen Bohnen. Kein Milchaufschäumer-Geräusch. Nur die tickende Pendeluhr und das leise Tropfen aus der Kupferleitung in der Ecke.

Das war ungewöhnlich. Ben war nie zu spät. Schon gar nicht an einem Tag wie diesem.

Ich ging weiter nach hinten, Richtung kleiner Rösterei. Die Tür war offen. Kein Licht. Aber ein Geruch – und nicht der gute. Verbranntes Holz? Bitterer Rauch?

Und dann sah ich ihn.

Ben. Auf dem Boden, zwischen Kaffeesäcken. Lebendig. Aber völlig blass, als hätte ihn jemand mit der feuchten Kaffeefiltertüte erschlagen.

„Ben? Was ist los? Was ist passiert?", rief ich und kniete mich zu ihm.

Er blickte auf, seine sonst so lebendigen Augen wie ausgewaschener Espresso.

„Sie ist weg."

„Wer? Was?"

„Die Röstung, Vanessa. Meine Weihnachtsröstung. Alles. Gestohlen."

Ich brauchte einen Moment. Dann traf es mich.

Oh.

Ich half Ben auf die Füße. Er wirkte, als hätte man ihm das Herz samt Siebträger herausgerissen.

„Sag bitte, dass du noch irgendwo einen Sack gebunkert hast. Einen kleinen? Einen Beutel? Eine Bohne?!"

Er schüttelte den Kopf, die Haare standen ihm wild vom Kopf ab wie Espressoschaum nach dem dritten Aufguss.

„Die ganze Charge. Zehn Kilo. Handgeröstet, einzeln sortiert, jede Bohne poliert wie Omas Silberbesteck. Weg."

Ich schnappte nach Luft.

„Aber... wie? Wann warst du zuletzt hier?"

„Gestern Abend. Hab noch bis halb elf geröstet. Alles luftdicht verpackt. Und dann bin ich kurz mit Hacki einen Glühwein trinken gegangen. Als ich heute früh kam: Tür offen, Lager leer."

„Einbruchsspuren?“

„Nix. Alles verschlossen. Keine Kamera, wie du weißt – wegen der gemütlichen Atmosphäre.“

„Wegen Geiz, Ben.“

Er lächelte schwach.

„Mag sein.“

Ich sah mich um. Kein Chaos, kein Vandalismus. Nur diese unheimliche Leere im Regal, wo sonst die goldenen Beutel standen. Jeder mit einem liebevoll kalligrafierten Etikett: Wintergold – Limited Roast 2025.

„Wer wusste davon? Also... was genau in der Röstung war?“

Er zögerte.

„Niemand. Nicht mal du.“

„Ben!“

„Es war... eine Mischung mit einer alten Sorte, die mein Großvater aus Kolumbien mitgebracht hatte. Er hatte mir die letzten Bohnen vor vielen Jahren überlassen. Ich hab sie sorgfältig vermehrt – kleine

Ernte, hochgradig selten. Und, äh, nicht ganz legal importiert."

Ich starrte ihn an.

„Nicht ganz legal? Du meinst, du hast Schmuggelbohnen geröstet?"

„Es war mehr ein... emotionaler Import. Kaffeeliebe kennt keine Grenzen."

Ich schnaufte. „Und das meinst du nicht mal ironisch."

Er hob die Hände.

„Ich wollte die Sorte eh nie verkaufen. Es sollte ein Geschenk für Stammkunden sein. Ein Herzensprojekt. Aber jetzt ist alles weg. Einfach... weg."

Ich spürte, wie sich in meiner Brust etwas zusammenzog. Nicht nur wegen Ben. Sondern auch, weil das hier... der Beginn einer Geschichte war. Und vielleicht – nur vielleicht – auch der Anfang von etwas, das mich endlich wieder schreiben ließ.

„Ben", sagte ich und legte die Hand auf seine Schulter, „wir finden das raus. Und bis dahin brauchst du dringend einen Kaffee. Du siehst aus wie ein entkoffeinierter Zombie."

Er grinste schief.

„Ich hab nur noch den Rest vom Vorjahr."

„Dann her damit. Ich brauch Stoff. Wir haben einen Fall."

Und so begann er. Mein verrücktester Dezember.

Mit einem leeren Regal.

Einem verschwundenen Traum.

Und der Ahnung, dass in diesem Advent mehr passieren würde als Plätzchenbacken und Weihnachtsgedudel.

2. Dezember

Ein Toter an der Elbe

Die Luft in der Speicherstadt war an diesem ersten Dezembermorgen so klar, dass man den Kaffeeduft förmlich riechen konnte, bevor überhaupt eine Tasse ausgeschenkt worden war. Es war diese besondere Mischung aus Kälte, Elbnebel und Röstaroma, die einen direkt ins Herz traf – oder, wie mein Nachbar Hacki immer sagte: „Wie 'n Kuss von 'ner alten Liebe, die nach Muckefuck duftet."

Ich schob mir die Wollmütze tiefer in die Stirn, wickelte den Schal fester und trat durch das schmiedeeiserne Gittertor in den Innenhof der alten Lagerhalle, in der sich Bennos Café versteckte: Kaffeekante. Ein Ort, an dem die Zeit langsamer tickte, die Bohnen noch per Hand sortiert wurden und der Milchschaum wie Kunst aussah – also, wenn Ben ihn machte. Wenn ich mich versuchte, sah's eher aus wie Elbwasser mit Albtraum.

Ich war eigentlich nicht hergekommen, um zu schnüffeln – aber wenn man sich monatelang mit einer Schreibblockade rumschlägt, wird man seltsam. Und heute war der Tag, auf den ich mich heimlich seit Wochen gefreut hatte: die Premiere von Bennos neuer Weihnachtsröstung. Jedes Jahr hatte er sich selbst übertroffen. Letztes Jahr war es eine Mischung mit kandierten Orangenschalen und einem Hauch Zimt gewesen. Dieses Jahr? Top Secret. Nur:

Wenn Ben „top secret“ sagte, dann meinte er das ernst. Keine Probe, kein Vorabgeruch, keine Bohne zu sehen. Nur ein schelmisches Lächeln und der Satz: „Vanessa, wenn du's probierst, kriegst du Gänsehaut an Stellen, da haste noch nie Gänsehaut gehabt.“

Ich trat ein.

„Moin! Ben? Ich hoffe, du hast etwas mit Zimt und Zauber vorbereitet!“, rief ich in den leeren Raum. Der Elbhafen war frühmorgens ein eigener Kosmos: Nebel lag über dem Wasser wie frisch aufgeschäumte Milch auf einem Flat White, Möwen meckerten über die Kälte und irgendwo hustete ein Schlepper seine ersten Abgase in den Himmel.

Ich stand am Anleger Vorsetzen, die Finger um den Kaffeebecher gekrallt, den mir Ben notgedrungen mit einem Rest der Vorjahresröstung befüllt hatte. Immerhin war der Becher heiß – der Kaffee schmeckte allerdings wie „Weihnachten 2024 in Trauerflor“.

„Vanessa! Da biste ja endlich.“

Hacki war schon da. In wetterfester Jacke, Mütze mit „HSV“-Stickerei und Gummistiefeln, die aussahen, als hätten sie noch den letzten Sturm an Bord gesehen. Er winkte mich zur Barkasse „Trude“, sein ganzer Stolz – benannt nach seiner verstorbenen Frau und in seinen Worten „das einzig Vernünftige, was mir geblieben ist, als der HSV in der zweiten Liga dümpelte."

„Du klangst am Telefon, als hättest du 'ne Leiche gefunden", sagte ich im Scherz. Hacki kratzte sich am Kinn.

„Weißt du was? Hab ich. Komm mit."

Ich folgte ihm über das leicht schaukelnde Deck, während er weiter brummelte.

„Hab heut früh um sechs den ersten Rundgang gemacht, wie immer. Aufräumen, Motor anwerfen, bisschen fluchen, weil's noch dunkel war. Und dann find ich den da hinten, an der Steuerkabine. Bewegungslos, eiskalt. Dachte erst, der pennt seinen Rausch aus. Aber dann hab ich gerochen..."

Er drehte sich zu mir um.

„Kaffee."

Ich runzelte die Stirn.

„Kaffee?"

„Ja und nicht irgendeinen. So'n ganz feiner, würziger Geruch. Kenn ich nicht. Hätt' ich nie gerochen, wenn ich nicht seit zwanzig Jahren mit Ben abhänge."

Wir erreichten das Heck. Hacki zeigte auf eine Bank, wo ein dickes, graues Wolltuch lag – offensichtlich vom Rettungsdienst da hingelegt.

„Die haben ihn schon abgeholt. War tot, bevor der erste Dampfer hupte. Aber was seltsam war: In seiner Jackentasche war ein Kaffeebeutel. Goldfolie. Ohne Etikett."

Mir stockte der Atem.

„Ben hat seine neue Röstung in goldene Beutel abgefüllt. Limitierte Edition. Ohne Etikett."

Hacki nickte. „Hab ich mir fast gedacht."

„Was ist mit dem Beutel?"

„Die Polizei hat alles mitgenommen. Kommissar Grothe war da. Hat geguckt wie 'ne Zimtschnecke, die man in Salzwasser getunkt hat."

Ich kannte Grothe. Ein brummiger Typ mit schiefem Schnauzer, der so gar nichts von Columbo hatte – außer der Fähigkeit, einen mit einem Blick nervös zu machen.

„Kennst du den Toten?", fragte ich leise.

Hacki sah aufs Wasser hinaus. Die Sonne versuchte, durch den Nebel zu stechen, ohne viel Erfolg.

„Ja. Der hieß Jochen Blome. Rentner, früher beim Zoll. Stammgast bei Ben. Hat immer Espresso doppio getrunken. Saß stundenlang im Café und hat gekritzelte Notizbücher vollgeschrieben. Still, höflich, nie auffällig. Aber irgendwas war immer... unruhig an ihm."

„Blome? DER Blome? Der mit den Notizbüchern?", fragte ich sofort. Mein innerer Spürsinn – oder besser: mein chronisch unterbeschäftigter Autoreninstinkt – klingelte wie eine überdrehte Hafenboje.

„Jep. Immer in Leder eingebunden. Sahen alt aus, so wie die, die Opa noch hatte. Als würde er da etwas Wichtiges reinschreiben."

Ich sog die kalte Luft ein, die nach Elbe, Diesel und – ja – ganz entfernt nach dieser geheimnisvollen Weihnachtsröstung roch. Der Geruch klebte an der Planke wie ein Versprechen, das nicht gehalten worden war.

„Glaubst du, er hatte etwas mit dem Diebstahl zu tun?", fragte ich.

Hacki zuckte die Schultern.

„Vielleicht. Vielleicht war er Zeuge. Oder hat irgendwas herausgefunden. Ich weiß nur: Der ist nicht einfach so hier gestorben. Dafür war sein Blick zu... wach. Das war kein Zufall."

Ich dachte kurz nach.

„Und du hast nicht zufällig eine Kopie von dem Beutel gemacht?"

Er grinste. „Na, wat denkst du denn? Ich bin zwar alt, aber nicht doof."

Er zog sein Smartphone raus und zeigte mir ein Foto. Klare Aufnahme. Goldener Beutel. Keine Marke, kein Name. Nur ein schlichter roter Wachssiegelaufkleber mit einer Prägung: ein kleiner Anker.

„Ein Anker?", murmelte ich. „Das ist nicht von Ben."

„Nee. Und Ben sagt, er hat keinen einzigen Beutel abgegeben. Die komplette Lieferung ist weg."

Ich fröstelte.

Ein Toter mit einem geheimnisvollen Kaffeebeutel in der Jacke. Eine verschwundene Röstung. Ein Anker als Symbol. Und ein Rentner, der früher beim Zoll gearbeitet hat – in Hamburg. Dem Hafen. Wo Schmuggel nicht gerade ein Fremdwort ist.

Hacki klopfte mir auf die Schulter.

„Du bist doch so'n Krimiding. Schreibst Mord und Totschlag mit 'ner Prise Liebe. Na los, schreib. Aber vorher: Ermittel. Ich glaub, das hier wird noch richtig ungemütlich."

Ich nickte langsam.

„Ja. Und ich fange an bei Blomes Notizbüchern. Vielleicht hat der etwas gewusst, was ihm nicht gutgetan hat."

„Und ich fahr die Trude warm. Wenn was ist – du weißt, wo du mich findest. Und wo du den besseren Kaffee kriegst."

Ich musste grinsen. Typisch Hacki.

Aber innerlich war ich alarmiert. Das hier war mehr als nur ein verschwundener Weihnachtskaffee. Das roch nach etwas Tieferem, Dunklerem.

Wie ein kaltgewordener Americano in einer winzigen Hafenbarkasse – bitter, stark und voller Geheimnisse.

3. Dezember

Die Spur im Notizbuch

Ich klopfte mir die Elbkälte aus den Knochen, als ich Benno in seinem Café wiedersah. Er stand an der Maschine, die Hände zitterten leicht – nicht vom Kaffeeentzug, sondern vom Schock. Vor ihm stand ein leerer Becher. Ich stellte meinen daneben.

„Hast du etwas gehört vom Toten am Hafen?"

Er sah mich an, als hätte ich ihm gesagt, dass seine Espressomühle an Demenz leidet.

„Bitte was?"

„Jochen Blome. Stammgast. Älterer Herr, immer ein Leder-Notizbuch dabei."

Ben schloss kurz die Augen. „Scheiße... Jochen?"

Ich nickte. „Tot. Heute früh. Gefunden auf Hackis Barkasse. Und weißt du, was er in der Jackentasche hatte?"

Ben hob die Augenbrauen.

„Einen Beutel mit deiner Weihnachtsröstung. Nur... ohne Etikett. Und mit einem roten Wachssiegel – mit einem Anker."

Jetzt wurde Ben blass.

„Der Anker... nein. Das kann nicht sein."

Ich zog die Stirn kraus. „Was meinst du mit ‚Das kann nicht sein'?"

Er wich meinem Blick aus, nestelte an der Siebträgermaschine herum, obwohl die seit Minuten dampfte wie ein überforderter Schlepper.

„Benno. Jetzt. Rede."

Er seufzte. Tief.

„Mein Opa... der, von dem ich die Ursprungssorte hatte... der hat mir mal erzählt, dass er früher für ein paar sehr... eigenartige Kunden geröstet hat. Private Abnehmer. Keine Rechnungen. Nur Barzahlung. Und alle Beutel waren neutral, nur mit rotem Siegel. Mit dem Anker."

Ich starrte ihn an.

„Du meinst... dein Opa hat für Schmuggler geröstet?"

Ben zuckte mit den Schultern. „Er hat gesagt, es sei 'Kunstkaffee für den besonderen Kreis'."

„Klingt wie ein Untertitel für eine Mafia-Serie."

Er sah mich gequält an. „Ich habe nie geglaubt, dass es mehr war als Seemannsgarn. Aber vielleicht... Vielleicht war da mehr dran."

Ich sog die Luft durch die Zähne.

„Also hatte dein Opa eine geheime Kundschaft. Und jetzt, Jahrzehnte später, ist deine Röstung verschwunden – und jemand stirbt mit genau so einem Beutel in der Tasche."

Ben nickte langsam. „Das ist kein Zufall."

Ich spürte, wie mir der Magen knurrte. Nicht vor Hunger, sondern vor Aufregung. Da war mehr als nur ein simpler Diebstahl. Das war Geschichte. Kaffeegeschichte. Und Mord.

„Ich muss in Blomes Wohnung", sagte ich.

„Und wie willst du da reinkommen? Die Polizei wird doch alles abgesperrt haben."

Ich lächelte schief.

„Ich habe da einen Kontakt."

Mein „Kontakt" hieß Coco, war Polizistin im Innendienst, ehemaliger St.-Pauli-Ultra und mein einziger Grund, warum ich es mal geschafft hatte, aus einer

Alsterkahn-Schlägerei mit zwei gebrochenen Füllfederhaltern und ohne Strafanzeige rauszukommen. Wir hatten uns beim Poetry Slam kennengelernt – ich mit Kaffee-Versen, sie mit einem Gedicht über Pfefferspray und Gerechtigkeit. Es war Liebe auf den ersten Blick – zumindest platonisch.

„Du willst was?!", flüsterte sie am Telefon.

„Nur ein Blick in Blomes Wohnung. Fünf Minuten. Maximal zehn. Wenn ich Mist finde, gehe ich wieder."

„Und wenn die Kollegen dich erwischen?"

„Dann sag ich, ich habe mich verlaufen. In meiner Recherche."

Coco stöhnte. „Du bist so'n krimineller Latte-Macchiato-Fall. Gut. Adresse schick ich dir per Signal. Aber wehe, du fasst was an."

„Ich schwöre."

Blomes Wohnung lag in einem dieser rotbraunen Backsteinbauten in der Nähe der HafenCity. Hochparterre, mit Blick auf einen kleinen Innenhof, wo zwei Katzen kämpften, als wären sie das letzte HSV-Trikot auf Erden. Die Wohnung war erstaunlich aufgeräumt. Ein paar Pflanzen, Bücher, Kaffeedosen und ein alter Plattenspieler.

Und auf dem Esstisch: drei Leder-Notizbücher.

Ich setzte mich, zog Latexhandschuhe über – Coco hatte mir welche mitgegeben, „fürs Gewissen" – und schlug das erste Buch auf.

Seiten voller Kaffeebeschreibungen. Herkunftsländer, Anbauhöhen, Röstprofile. Sorgfältige Handschrift, fast wissenschaftlich. Blome hatte sich offenbar jahrzehntelang mit Bohnen beschäftigt.

Dann, auf einer Seite im mittleren Heft, stieß ich auf einen Eintrag, der mir den Atem nahm:

„Projekt Anker. Letzte Spur führt zur Speicherstadt. Warnung: Wer davon weiß, lebt gefährlich. Hinweise im Bunker notiert. 1. Etage, verschlossen. Nur mit dem richtigen Code."

Ich blätterte weiter. Eine Zeichnung. Ein Grundriss? Nein – ein Lagerhaus. Nummer 17, Speicherstadt. Eine Markierung im ersten Stock, mit dem Hinweis:

„Tür mit Kaffeesiegel."

Ich knipste Fotos mit dem Handy. Mein Herz hämmerte.

Was zur Hölle hatte Blome entdeckt? Und wieso war er tot?

Ich klappte die Bücher wieder zu, hörte draußen Schritte – Coco, die mich warnte. Zeit, zu verschwinden.

Aber ich wusste jetzt eines:

Ben hatte unwissentlich etwas angerührt, das tief in Hamburgs Vergangenheit vergraben war: Kaffee, Schmuggel, vielleicht sogar Mord.

Und ich?

Ich war mittendrin.

Mit pochendem Herzen, zitternden Händen – und einem unstillbaren Durst nach Antworten.

4. Dezember

Lagerhaus 17

Die Speicherstadt ist Hamburgs Herz aus Backstein. Tagsüber voll mit Touristen, die Selfies vor dem Wasserschloss knipsen, abends leise und geheimnisvoll wie ein Gedicht auf Espresso – nur, dass der Espresso hier früher oft im doppelten Boden lag.

Ich stand vor Lagerhaus Nummer 17. Die Sonne hatte sich hinter Wolken verkrochen, der Wind pfiff durch die engen Kanäle wie ein schlecht gelaunter Seemann. Es roch nach Wasser, Ziegel, alter Geschichte – und ein Hauch Kaffee lag in der Luft, eingebrannt in die Wände wie eine Erinnerung, die man nicht loswird.

Ich prüfte das Foto aus Blomes Notizbuch. Erste Etage, Tür mit Kaffeesiegel.

Das Lagerhaus war offiziell seit Jahren außer Betrieb. Eine Gruppe Immobilienentwickler wollte angeblich ein Boutiquehotel daraus machen. Hamburg eben – überall entweder Kaffeekultur oder Kapitalismus.

Ich fand den Eingang zur alten Holztreppe. Knarzend wie aus einem Gruselhörspiel. Oben, am Ende des Gangs, sah ich sie: die Tür. Alt, aus Eisen, mit einem kreisrunden Einsatz aus dunklem Holz. Und in der Mitte: ein alter Metallstempel – geformt wie ein stilisiertes Kaffeebohnen-Symbol, eingerahmt von einem Anker.

Das Kaffeesiegel.

Mein Puls rast.

Ich drückte die Klinke. Sie war verschlossen.

Klar. Blome hatte von einem Code gesprochen.

Ich holte mein Handy raus, scrollte durch die Fotos der Notizbuchseiten – da war etwas.

„Espresso 1923 – Ursprung des Ankers."

1923? Ein Jahr? Oder...

Ich versuchte, den Zahlencode 1923 auf dem kleinen Nummernpad neben der Tür.

Pieps. KLICK.

Ich stieß die Tür vorsichtig auf.

Drinnen war es stockdunkel.

Ich trat ein. Das Knarren meiner Schuhe klang, als würde ich in eine Gruft hinabsteigen. Ich zückte meine Taschenlampe – ein Geschenk von Coco mit der Aufschrift „Gerechtigkeit blendet" – und leuchtete den Raum aus.

Ein Lagerraum, etwa zwanzig Quadratmeter groß. Alte Regale, Kisten, alles mit dickem Staub bedeckt.

Bis auf eine einzige Holzkiste.

Mittendrauf: ein goldener Kaffeebeutel mit dem roten Wachssiegel.

Und daneben: ein Umschlag.

Mein Herz klopfte so laut, ich glaubte, es könnte die alten Mauern einstürzen lassen.

Ich trat näher.

Auf dem Umschlag stand mein Name.

„Vanessa."

Meine Finger zitterten leicht, als ich den Umschlag öffnete. Das Papier war dick, rau – wie aus einem alten Tresor geholt. Drinnen: ein handgeschriebener Zettel.

„Wenn du das liest, weißt du, dass sie mich gefunden haben. Ich habe zu tief gegraben. Folge dem Duft, aber vergiss nicht: Vertrauen ist wie kalter Kaffee –

bitter, wenn man nicht aufpasst. Der Ursprung liegt nicht in den Bohnen, sondern im Feuer. –J.B."

Ich las die Zeilen zweimal. Dann fiel mein Blick auf die Rückseite. Dort war etwas aufgeklebt – ein kleiner Ausschnitt aus einer Landkarte. Und ein Wort: "BUNKER."

Ich erinnerte mich: Blome hatte im Notizbuch geschrieben:

„Hinweise im Bunker – 1. Etage."

Aber wo? Hamburg hatte viele alte Bunker. Doch diese Karte zeigte das Gebiet rund um die Reeperbahn. Und ganz klein war eine Markierung bei einem alten Hochbunker – direkt neben dem Millerntor-Stadion.

Ich fluchte leise.

HSV gegen St. Pauli. Das könnte ja heiter werden.

Ich steckte den Beutel ein. Die Bohnen im Inneren fühlten sich warm an, als hätten sie noch Nachglühen von einer Röstung in sich, die keiner kennen durfte. Und während ich die Tasche schloss, hörte ich es:

Ein Knacken.

Dann Schritte.

Jemand war im Flur.

Ich schaltete die Lampe aus und hielt den Atem an.

Die Tür quietschte leicht – jemand spähte in den Raum.

Ein Schatten, groß, kantig. Für einen Moment erkannte ich ein Detail: ein dunkler Mantel, eine Tätowierung am Hals – ein Anker. Kein Zweifel.

Ich war nicht die Einzige auf der Suche nach dem verschwundenen Kaffee.

Langsam wich ich in den hinteren Teil des Lagers zurück, schob eine Kiste zur Seite und kroch in die Nische dahinter.

Der Fremde trat ein, schnupperte. Blieb stehen. Dann flüsterte er:

„Sie war hier. Ich rieche sie. Wie ein guter Mokka. Süß – aber mit Nachgeschmack."

Ich hielt die Luft an.

Dann drehte er sich um. Schritte. Er ging.

Ich wartete noch zwei volle Minuten, dann schlich ich zur Tür, trat hinaus und rannte die Treppe hinunter.

Draußen atmete ich tief durch.

Mein erster Fund. Mein erster Beutel.

Und ein Verdacht, der in mir wuchs:

Dies war kein Diebstahl mehr. Das hier war ein Wettlauf. Um Wahrheit, um Geschichte – und um einen Kaffee, der mehr war als nur ein Genussmittel.

Er war eine Spur.

Ein Schlüssel.

Ein Pulverfass.

Und ich hatte gerade das Streichholz gezündet.

5. Dezember

Der Bunker am Millerntor

Es war schon später Nachmittag, als ich die Reeperbahn überquerte, vorbei an Imbissbuden, tätowierten Plattenladenbesitzern und Touristen, die sich fragten, ob sie gerade ein echtes Bordell oder nur ein sehr schlechtes Kabarett fotografierten.

Ich stand vor dem Hochbunker an der Feldstraße, direkt neben dem Millerntor-Stadion. Heute ist das ein begrüntes Vorzeigeprojekt mit Hotel, Rooftop-Bar und Gemüsebeeten – aber man musste nicht weit suchen, um Spuren der Vergangenheit zu finden. Unter dem hippen Glasdach und den Ranken aus Efeu schlummerten immer noch Ecken, die nie offiziell saniert oder freigegeben worden waren.

Ich wusste, was Blome gemeint hatte: die alte Wartungstreppe auf der Rückseite, Zugang nur über einen vergessenen Hof, dessen Tür meistens nur mit einem Besenstil gegen Zufallen gesichert war.

Und da war er: der Eingang.

Ich grinste. In Hamburg gab es zwei Arten von Geheimnissen: Die, die jeder kannte – und die, die nur Kaffeefreaks mit krimineller Energie entdeckten.

Ich stieg die Betontreppe hoch, meine Taschenlampe bereit, mein Herzschlag in Derby-Frequenz. Erste Etage. Linker Gang.

Dann stand ich vor einer alten Tür – Metall, rostig, und darauf mit schwarzem Marker gekritzelt:

„Nur für Kenner. Kein Eintritt für HSV-Fans.“

Ich schnaubte. Natürlich.

Ich war versucht, mit Lippenstift „Grüße vom Dino“ drunter zu schreiben, aber ich riss mich zusammen.

Die Tür war nicht verschlossen. Sie quietschte theatralisch beim Öffnen. Dahinter: ein schmaler Raum, feucht, riechend nach Geschichte, Staub – und, ja: ganz entfernt – nach geröstetem Kaffee.

An der Wand klebte ein großes, vergilbtes Plakat. Eine Karte der Speicherstadt aus den 1950ern. Und darunter:

„Operation Ankerbohne“

Ich trat näher.

Auf der Karte waren bestimmte Gebäude markiert – Nummern, Namen. Einige kannte ich: Lagerhaus 17. Das Kaffeemuseum. Die alte Zollstation. Und in der

Mitte ein Pfeil, der zu einem Kreuz zeigte: „S.A.K." – mit einem Datum: 24.12.1981.

Daneben: ein altes Schwarz-Weiß-Foto. Drei Männer in Rösterei-Schürzen, einer davon sah aus wie Ben – oder wie sein Großvater?

Ich zog mein Handy raus und knipste alles.

Und dann hörte ich eine Stimme hinter mir:

„Interessierst du dich auch für die alten Geschichten? Oder bist du einfach nur schlecht im Verstecken?"

Ich drehte mich um – und sah Nick zum ersten Mal.

Er lehnte lässig im Türrahmen, in der Hand einen Coffee-to-go-Becher mit Aufdruck „Komm runter, is nur Kaffee." – der war definitiv nicht von Ben. Lederjacke, verwaschenes St.-Pauli-Shirt, Drei-Tage-Bart, Augen wie Hafenwasser bei Sturm. Unverschämt entspannt. Und dieser Blick, halb neugierig, halb: „Ich weiß was, was du nicht weißt."

„Vanessa", sagte ich und versuchte, meine Überraschung zu verbergen. „Und du bist?"

„Nick. Barkassenfahrer. Ex-Matrose. Nebenberuflich Sammler alter Hafenmythen. Und du bist eindeutig nicht hier, um die Akustik des Bunkers zu prüfen."

Er trat näher, musterte das Plakat. „Du hast schon ein Stück der Geschichte gefunden, oder?"

Ich wollte etwas erwidern, aber er hob die Hand. „Warte. Bevor du denkst, ich bin der Böse: Ich kannte Jochen Blome. Hab ihn manchmal zu den alten Lagerhäusern gefahren. Er hat oft von der Ankerbohne geredet – und davon, dass sie nicht nur Kaffee, sondern Schlüssel zu etwas Größerem sind."

Ich hob eine Braue. „Schlüssel wozu?"

Nick grinste. „Zu einem alten Deal. Zwischen Hamburger Röstern, Hafenarbeitern – und ein paar Leuten, die lieber im Schatten blieben. Die Weihnachtsröstung war früher mehr als nur ein Aromenspiel. Sie war… ein Symbol. Für eine alte Allianz."

Ich spürte, wie es in mir arbeitete. Die Röstung. Der Anker. Die alten Verbindungen.

„Und warum redet heute keiner mehr darüber?", fragte ich.

Nick wurde ernst. „Weil der Deal gebrochen wurde. 1981. An Heiligabend. Und weil danach Leute verschwunden sind."

Ich schluckte.

Er sah mich an. „Du hast was gefunden, stimmt's? Bei Blome?"

Ich zögerte. Dann nickte ich. „Ein Beutel. Mit Siegel. Und eine Notiz."

Nick lehnte sich gegen die Wand. „Dann steckst du jetzt mitten drin. Und ich fürchte, du bist nicht die Einzige."

„Ich weiß. Jemand war schon im Lagerhaus 17."

Er wurde still. Dann sah er mich lange an.

„Dann solltest du wissen: Wenn du weitermachst, brauchst du jemanden, der sich im Hafen auskennt. Der weiß, welche Tür wann aufgeht – und wie man unbemerkt von A nach B kommt."

„Du meinst dich?"

„Ich meine mich. Und mein Boot. Die Emma. Liegt bei Ponton 5. Trägt den Geruch von Diesel, Kaffee – und ein paar Geheimnissen."

Ich musste grinsen. „Hört sich an, wie du."

Er grinste zurück. „Ich nehme das als Kompliment. Also, Partnerin?"

Ich streckte die Hand aus.

„Partner."

Als ich später in meine Wohnung zurückkam – immer noch mit dem Duft von Bunkerstaub und Hafenmystik in der Nase – wusste ich:

Ich war nicht mehr nur eine Krimiautorin auf Recherche.

Ich war Teil eines echten Falls.

Mit Kaffee, Hamburg – und jetzt auch: einem Partner.

6. Dezember

Benno unter Verdacht

Am nächsten Morgen roch das Herz meiner Straße wieder nach Kaffee. Nach frischem Brot, Hafenwind und einem Hauch Zimt. Ich trat aus meiner Tür, die Mütze tief ins Gesicht gezogen und blieb abrupt stehen.

Vor Bens kleiner Rösterei standen zwei Polizeiwagen. Davor stand Ben.

Die Hände in den Taschen, das Gesicht bleich, als hätte man ihm gerade den Kaffeegott persönlich gestrichen.

Ein junger Kommissar – zu glatt rasiert für Hamburg, wahrscheinlich neu aus Bayern – notierte sich etwas auf seinem Klemmbrett. Ein zweiter Polizist durchsuchte den Verkaufsraum.

Ich ging zügig zu Ben. „Was ist los?"

Er sah mich an wie ein Mensch, dem gerade sein letzter Espresso verschüttet worden war.

„Sie denken, ich hätte etwas mit Blomes Tod zu tun."

Mir rutschte das Herz in die Sohle.

„Was? Warum?!“

„Jemand hat der Polizei anonym einen Hinweis gegeben“, sagte Ben. „Dass ich die Weihnachtsröstung gestohlen hätte. Und dass ich Blome gedroht hätte, ihn auszustechen.“

Ich schüttelte den Kopf. „Das ist doch Schwachsinn.“

Ben lächelte gequält. „Sag das mal der Kripo.“

Ich wandte mich an den Kommissar: „Entschuldigen Sie – was genau werfen Sie ihm vor?“

Der Mann musterte mich. „Und Sie sind?“

„Vanessa. Freundin. Und Stammkundin. Und… Krimiautorin.“

Er verzog keine Miene. „Dann wissen Sie ja, wie empfindlich wir auf Verdachtsmomente reagieren.“

Ich atmete tief durch. „Wissen Sie, dass es völlig unlogisch ist, dass jemand wie Benno, der sein ganzes Leben dem Kaffee verschrieben hat, eine Röstung stiehlt, von der er öffentlich erzählt hat, dass sie ihn berührt wie ein Opernfinale in der Elbphilharmonie?“

Der Kommissar blinzelte. „Interessanter Vergleich.“

Ich setzte nach. „Und wenn er den Kaffee hätte, glauben Sie, er würde ihn einfach… verstecken? Statt damit anzugeben, wie großartig er ihn gerettet hat?"

Ein Zucken im Mundwinkel. Vielleicht ein Lächeln. Vielleicht ein Zucken.

„Wir sind verpflichtet, dem Hinweis nachzugehen."

„Klar", sagte ich. „Aber lassen Sie sich nicht zum Statisten machen in einem Spiel, das jemand anderes inszeniert."

Der Kommissar nickte langsam und grinste. „Wir behalten das im Auge."

Dann stieg er ins Auto. Ben blieb auf dem Bordstein stehen wie ein Schiff ohne Kompass.

Ich trat zu ihm. „Ben… hast du wirklich mit Blome gesprochen, bevor er…?"

Er nickte. „Zwei Tage vorher. Wir haben über die Röstung geredet. Über den alten Deal. Aber er hat dann plötzlich abgebrochen. Meinte, er hätte Angst, etwas zu sagen."

Ich legte eine Hand auf seinen Arm. „Ich glaube dir. Und ich werde herausfinden, wer dich da reinreiten will."

Er sah mich an – und für einen Moment blitzte da mehr als nur Dankbarkeit auf. Vielleicht ein leises Funkeln.

Dann nickte er. „Sei vorsichtig, Vanessa. Die, die das hier angezettelt haben, spielen nicht fair."

„Fair ist auch kein Hamburger Wetter", sagte ich. „Aber wir sind trotzdem jeden Tag draußen."

Später saß ich wieder bei Nick auf der Barkasse. Die „Emma" schaukelte sanft am Ponton, das Hafenwasser klang wie eine träge Kaffeemühle.

Ich erzählte ihm, was bei Ben passiert war. Nick hörte zu, nuckelte an einem Kaffeebecher und kaute an einem Franzbrötchen wie ein Philosoph im Zuckerrausch.

„Tja", sagte er schließlich. „Wenn jemand versucht, Ben rauszunehmen, dann, weil er entweder nah dran ist oder weil er was weiß, was andere nicht wissen sollen."

„Blome hatte Angst, bevor er starb. Und jetzt ist Ben unter Verdacht. Das ist kein Zufall."

Nick nickte langsam. „Jemand versucht, die alten Röstbrüder mundtot zu machen. Vielleicht, weil sie ein Geheimnis bewahren, das mit der Ankerbohne zu tun hat."

Ich holte die Karte aus dem Bunker hervor. „Kennst du das hier? S.A.K.? Und das Datum?"

Nick betrachtete die vergilbte Karte. „S.A.K… könnte für Syndikat alter Kaffeebruderschaften stehen. Gab's in den 70ern tatsächlich. Halboffizieller Zusammenschluss von Röstern, Hafenarbeitern und – sagen wir – informellen Logistikern."

„Schmuggler?"

Nick zuckte. „Hamburg nennt das Kreativtransport."

Ich grinste. „Und das Datum? Heiligabend 1981?"

„Das war der Tag, an dem der letzte Weihnachtskaffee offiziell durch die Speicherstadt ging. Danach gab's einen Streit. Der Deal zerbrach. Und plötzlich wollten alle so tun, als hätte es diese Röstung nie gegeben."

„Bis Blome wieder anfing zu reden", sagte ich. „Und dann war er tot."

Nick sah mich an. „Du bist jetzt tiefer drin, als dir lieb sein kann."

„Und trotzdem will ich wissen, was damals passiert ist. Wer die Bohnen heute sucht. Und warum."

Er lehnte sich zurück. „Dann sollten wir morgen jemanden treffen, der dabei war."

Ich hob eine Braue. „Wen meinst du?"

„Karl-Willi Petersen. Früher Hafenarbeiter, heute Legende unter den Barkassenkapitänen. Wenn jemand weiß, wer das S.A.K. war – dann er."

„Und wo finde ich ihn?"

„Sonntags. Immer. 8 Uhr morgens. Am Fischmarkt. Neben dem Backfischstand. Er trägt 'ne Mütze vom HSV und diskutiert leidenschaftlich mit St. Pauli-Fans über Moral, Musik und Mettbrötchen."

Ich lachte. „Klingt wie jemand, den ich mögen werde."

Nick grinste. „Ach ja – und bring ihm einen Kaffee mit. Schwarz. Ohne Schnickschnack. Sonst redet er gar nicht erst."

7. Dezember

Backfisch, Bohnen und Barkassenlegenden

Sonntagmorgen, 7:45 Uhr.

Der Fischmarkt erwachte langsam, Möwen kreischten wie schlecht gelaunte Barkeeper und der Wind roch nach Elbe, Bier und geplatzten Träumen vom Vorabend.

Ich balancierte zwei dampfende Kaffeebecher durch die Menge. Schwarz. Kein Zucker, keine Milch – wie von Nick empfohlen. Mein Blick schweifte über die Köpfe. Dann sah ich ihn.

Karl-Willi Petersen.

Alt wie der Hafen selbst, wettergegerbtes Gesicht, Seemannsmütze mit HSV-Stickerei, Parka mit Schlepperöl-Flecken, Hände wie Bootsklampen.

Er stand direkt am Backfischstand, diskutierte hitzig mit einem jüngeren Mann im braunen St. Pauli-Hoodie über das Derby von 2001.

„Wenn der Schiedsrichter damals nicht gepennt hätte – das war glasklar Abseits!", rief Karl-Willi und schlug mit der Faust in die Handfläche.

„Ach komm, Opa! Ihr habt Glück gehabt, dass ihr überhaupt elf Mann auf dem Platz hattet. St. Pauli hat das Herz – ihr habt das Stadion!“

„Und die Geschichte!“, brummte Karl-Willi.

Ich trat dazwischen. „Entschuldigung – Herr Petersen? Ich habe da was für Sie.“ Ich reichte ihm den Kaffee.

Er verstummte augenblicklich, schnupperte, nahm einen Schluck – und sah mich zum ersten Mal an.

„Aha“, sagte er. „Die kennt sich aus.“

Ich lächelte. „Ich bin Vanessa. Ich recherchiere über Jochen Blome. Und zur Ankerbohne.“

Sein Gesicht erstarrte.

Er sah sich kurz um, winkte dann mit dem Kopf. „Hinter'm Stand. Da is' ruhiger.“

Ich folgte ihm durch ein paar Fässer und Kartons, bis wir auf einer kleinen Holzbank saßen. Der Wind zerrte an meiner Jacke.

„Also gut“, murmelte er. „Wenn du über die Ankerbohne schreiben willst, musst du die Wahrheit kennen. Nicht das, was in den Kaffeebüchern steht.“

Ich nickte und sagte nichts.

Er trank einen Schluck. Dann begann er.

„Wir waren sieben Männer. Die Gründungsriege vom S.A.K. – 'Syndikat Alte Kaffeebruderschaft'. Hafenarbeiter, Röstmeister, ein Zöllner, zwei Schlepperschipper. Und Blome. Der war der Jüngste, aber der mit dem feinsinnigsten Gaumen. Der hat Bohnen gerochen, bevor die Säcke überhaupt geöffnet waren."

Ich lauschte gebannt. Die Worte klangen wie Legenden, die zu lange im Dunkeln geruht hatten.

„Wir haben 'ne Röstung gemacht, die sollte jedes Jahr zu Weihnachten rauskommen. Kleine Menge, handverlesen, mit einem Geheimnis: Wir hatten eine besondere Bohne – eine Sorte aus einer alten Plantage in Äthiopien. Nur durch alte Kontakte überhaupt zu bekommen. Und das Rezept: nur handschriftlich überliefert."

„Was war das Besondere daran?", fragte ich leise.

„Sie hatte… Tiefe", sagte Karl-Willi. „Sie war wie ein Sonnenaufgang über dem Hafen, wenn noch keiner wach ist und du weißt: Heute passiert etwas Großes."

Ich spürte Gänsehaut.

„Und dann?“

Sein Blick wurde hart.

„Dann wurde der Deal gebrochen. Einer von uns hat 'ne Kopie gemacht. Hat versucht, die Röstung zu verkaufen. Und an Heiligabend 1981… flog alles auf.“

Karl-Willi sah auf den Fluss hinaus. Die ersten Barkassen zogen wie Schatten über das morgendliche Wasser.

„Blome war der Einzige, der ehrlich geblieben ist. Er wollte das Rezept retten. Hat's versteckt. Und damit das ganze S.A.K. zum Schweigen gebracht.“

„Versteckt? Wo?“

„Er hat nie gesagt, wo. Nur, dass es sicher sei – und dass man das Siegel des Hafens bräuchte, um es zu finden.“

Ich zog den kleinen Zettel aus meiner Tasche – das Siegel mit dem Anker. Karl-Willi starrte es an.

„Das ist es… Das Siegel.“

Seine Stimme war nur noch ein Hauch. „Du hast wirklich etwas gefunden.“

Ich nickte. „Und jetzt ist Blome tot. Ben wird verdächtigt. Und jemand sucht die Bohnen."

Karl-Willi verzog das Gesicht.

„Wenn jemand die Bohnen sucht, dann will er nicht nur Kaffee. Dann will er das, was Blome versteckt hat: die Bohnen aus Äthiopien und das Rezept von damals."

„Du glaubst, es geht um Rache?"

„Oder um Macht. Die Weihnachtsröstung ist mehr als Nostalgie. Sie ist ein Symbol. Wer sie hat – und das Rezept –, der kontrolliert die Hafenröstszene."

Ich war sprachlos. Das war größer als ich gedacht hatte.

„Weißt du, wer der Verräter war?", fragte ich.

Er schüttelte langsam den Kopf. „Nur Blome wusste es. Und der hat geschwiegen. Bis zum Schluss."

Ich stand auf. „Danke, Karl-Willi. Das hilft mir wirklich."

Er sah mich an, sein Blick scharf wie eine Hafenschere.

„Sei vorsichtig, Vanessa. Wer da heute mitmischt, hat lange geschlafen. Und der wird nicht zögern, dich aus dem Spiel zu nehmen, wenn du zu viel aufdeckst."

Ich nickte.

„Aber ich habe keine Angst vor Hafenlegenden. Und auch nicht vor schlechtem Kaffee."

Er lachte krächzend.

„Dann bist du vielleicht genau die Richtige."

Ich ließ ihn zurück – mit Backfisch in der Hand und dem Hafen im Rücken.

Ein Stück weiter wartete Nick auf mich.

„Und?", fragte er.

Ich lächelte.

„Ich glaube, ich habe gerade den Schlüssel zur Vergangenheit gefunden."

8. Dezember

Kaffee, Komplizen und das Kontorhaus

Die Speicherstadt wirkte an diesem Morgen wie ein schlafendes Tier. Nebel zog durch die engen Fleete, die Backsteingiebel standen stumm da wie uralte Wachen und irgendwo klackte ein Fahrrad über Kopfsteinpflaster. Es roch nach feuchtem Hanfseil, kaltem Mauerwerk – und frisch geröstetem Kaffee.

Nick und ich standen vor einem massiven Holztor am Kehrwiederfleet. Auf dem Messingschild neben dem Türklopfer stand:

„Kaffee-Zentrale Hamburg e.V."

„Klingt wie ein Hobbyverein für Filterkaffeetrinker", murmelte Nick.

„Oder ein geheimer Kaffeezirkel aus alten Tagen", sagte ich.

Ich klopfte. Nichts. Dann summte plötzlich ein alter Türöffner, das Schloss schnappte – und wir traten ein in das, was ich später nur als eine Mischung aus Freimaurerloge und Kaffeeparadies beschreiben konnte.

Ein langer Gang, Wände voller Fotos von Hafenarbeitern, Röstmeistern, Kaffeesäcken. Alte Maschinen standen wie Museumsstücke in Nischen und am Ende des Gangs öffnete sich ein Raum wie aus der Zeit gefallen.

Eine riesige Tafel, rundum mit Sesseln aus dunklem Leder. Auf dem Tisch: Kaffeekannen, Tassen, Keksdosen und eine hölzerne Kiste mit einem eingebrannten Anker.

Ein Mann erhob sich. Alt, aber nicht gebrechlich. Glatt gescheiteltes Haar, helles Hemd, Weste.

„Vanessa? Und Herr… Barkassenfahrer?"

„Nick", sagte er, während er mit dem Daumen Richtung Brust zeigte. „Ohne Titel, dafür mit Dieselfingern."

Der Mann schmunzelte. „Ich bin Herr Reimers. Vorsitzender des Kaffee-Zirkels. Und ja – wir wissen von Ihnen."

Ich zog überrascht die Brauen hoch. „Sie wissen von mir?"

Er deutete auf einen Ordner am Rand des Tisches. Darauf: ein Zeitungsartikel über meine letzte Lesung im Literaturhaus. Überschrift:

„Kaffee, Krimis und Kommissare – Vanessa Jensen schreibt sich durch Hamburgs dunkle Seiten."

„Wir verfolgen, wer sich für unsere Vergangenheit interessiert“, sagte Reimers. „Blome war einer von uns. Und seine Ermordung hat hier Wellen geschlagen.“

„Dann wissen Sie, dass jemand die Weihnachtsröstung sucht.“

Reimers nickte langsam. „Wir ahnen es. Aber wir wissen nicht, wer. Oder wie nah er schon dran ist.“

„Ben ist im Visier der Polizei“, warf ich ein. „Ein anonymer Tippgeber. Falsche Verdächtigungen.“

Reimers verzog das Gesicht. „Ein alter Trick. Verdächtige den Ehrlichsten – und du lenkst von dir selbst ab.“

Ich trat näher an den Tisch. „Ich will wissen, was damals wirklich passiert ist. Wer der Verräter war. Und wo Blome die Bohne versteckt hat.“

Reimers sah mich lange an. Dann trat er zur hölzernen Kiste. Er öffnete sie langsam – darin lag eine einzelne, silberne Kaffeebohne. Und ein vergilbter Zettel. Er reichte mir beides.

„Der letzte Hinweis, den Blome uns hinterlassen hat."

Ich nahm den Zettel. Nur drei Worte standen darauf, in seiner Handschrift:

„Kontorhaus. Speicherfenster. Ankerblick."

Ich drehte den Zettel zwischen den Fingern. „Kontorhaus… Speicherfenster… Ankerblick… Das klingt wie ein Rätsel."

Nick nickte. „Oder ein Wegweiser."

Reimers setzte sich wieder. „Wir glauben, dass Blome den finalen Hinweis an einem Ort versteckt hat, den nur jemand findet, der den Hafen mit dem Herzen sieht."

Ich schaute zur silbernen Bohne. Sie war ungewöhnlich schwer.

„Das ist kein Metallguss", sagte Nick und hob sie an. „Die ist massiv. Vielleicht hohl?"

Ich nahm sie, schüttelte sie leicht. Tatsächlich – ein leises Klirren.

Reimers nickte zufrieden. „Die silberne Bohne wurde traditionell dem gehütetsten Geheimnis der

Röstbrüderschaft beigelegt. Nur wer sie bekommt, ist würdig, das Rätsel zu lösen."

Ich spürte, wie mir heiß wurde. Das war kein Spiel mehr. Das war ein Abenteuer mit einem dunklen Schatten im Rücken.

„Ich glaube, ich weiß, was gemeint ist", sagte ich schließlich. „Das Kontorhausviertel – das Chilehaus hat ein Speicherfenster im Dach. Und direkt darunter, an der Seitenwand zur Niedernstraße, gibt's dieses Graffiti: ein blauer Anker mit goldener Kontur."

Nick hob die Brauen. „Das mit dem Schriftzug? ‚Heimat im Wandel'?"

Ich nickte. „Genau. Der Anker ist der Blickfang. Ich wette, da ist etwas versteckt."

Reimers sah mich lange an. Dann lächelte er. „Sie denken wie Blome."

Ich steckte die silberne Bohne ein, dankte und wir gingen hinaus. Wieder draußen im Nebel der Speicherstadt schlug mir der Wind ins Gesicht wie eine warnende Hand.

„Wollen wir wirklich da hin?", fragte Nick, während wir über die Fleetbrücke gingen.

„Was meinst du?"

„Wenn wir jetzt weitergehen, gibt's kein Zurück mehr. Dann wühlen wir in Geheimnissen, die jahrzehntelang begraben waren."

Ich lächelte schief. „Du klingst wie der Rückblendetext in einer Krimiserie."

Er grinste. „Vielleicht habe ich zu viel mit dir rumgehangen."

Wir schauten beide zum Chilehaus, dessen spitze Front wie ein Schiffsrumpf in den Nebel ragte.

„Also", sagte ich. „Rauf aufs Dach?"

Nick nickte. „Aber diesmal nehm ich erst 'nen ordentlichen Kaffee. Du weißt ja: ohne Bohne im Blut – keine Mission im Blick."

9. Dezember

Auf dem Dach des Chilehauses

Das Chilehaus ragte wie ein Backstein-Dampfer in den Hamburger Morgen. Seine Spitze schnitt den Nebel wie der Bug eines stolzen Frachters, der durch graue Erinnerung segelte.

Nick und ich standen davor, jeweils einen Coffee-to-go in der Hand. Er war extra noch beim kleinen Stand am Meßberg vorbeigeradelt, „weil der Typ da Espresso zieht, als wär's 'ne Ehrensache". Ich sagte nichts, nippte an meinem Becher – und gab ihm recht.

Der Weg nach oben war mühsam. Kein Fahrstuhl führte bis ganz hinauf, also nahmen wir die schmalen Treppen, an vergilbten Wänden vorbei, vorbei an stillgelegten Büros und Aktenkammern, in denen wahrscheinlich noch Steuererklärungen von 1962 vor sich hin dämmern.

„Ich hab Höhenangst, weißt du?", schnaufte Nick.

„Dann schließ die Augen, wenn wir fliegen", sagte ich, ohne zu stoppen.

Als wir die Dachluke erreichten, hatte sich der Himmel ein wenig aufgeklart. Der Nebel war weniger geworden, die Sonne kroch blass über die Speicherstadt und in der Ferne glänzte die Elbphilharmonie wie ein zu groß geratenes Schneegestöber aus Glas.

Wir kletterten vorsichtig aufs Dach. Der Wind war kräftig, riss uns die Kapuzen vom Kopf und roch nach Salz, Rost und Schiffsdiesel.

„Da“, sagte ich und zeigte auf ein hohes Speicherfenster an der Südseite. Es war eingerahmt von steinernen Ankern – kaum zu sehen vom Boden aus.

Nick zog die Stirn kraus. „Wie bist du da bloß drauf gekommen?“

„Blome liebte Wortspiele. ‚Ankerblick‘ – das konnte nicht der Blick auf den Hafen sein. Es war der Blick vom Anker. Und dieses Fenster hier… ist das einzige mit Ankern drumrum und Blick auf den Anker..“

Ich trat näher. Und tatsächlich – eingeritzt in die linke Fensterbank, kaum sichtbar, aber ganz eindeutig – stand da eine kleine Gravur:

„S.A.K. 81“

Ich fühlte einen Stich im Bauch. Es war wie ein Flüstern aus der Vergangenheit.

„Was jetzt?“, fragte Nick.

Ich holte die silberne Bohne hervor. Sie lag kühl in meiner Hand, leicht, aber irgendwie bedeutungsschwer.
Was zum Teufel sollte ich hier oben mit ihr anfangen?

Ich drehte sie hin und her und hielt sie gegen das Licht, das matt über die Ziegeldächer kroch. Kein Knopf, kein sichtbarer Mechanismus. Nur diese glatte Oberfläche – mit dieser ganz zarten Naht. Ich runzelte die Stirn. Blome hatte sie mir nicht einfach so hinterlassen. Die Bohne musste etwas tun. Oder sein.

Ein Schlüssel vielleicht?

Ich ließ den Blick schweifen. Über das Mauerwerk. Über das Fenster. Über die beiden steinernen Anker, die es einrahmten wie Wächter. Und plötzlich spürte ich es – so ein leises Kribbeln im Bauch, das sagt: Du bist nah dran.

Ich trat näher an die linke Fensterbank. Fuhr mit den Fingern über den kalten Stein. Und da, ganz am Rand, fast verdeckt von Moos und Staub – war sie: eine kleine Vertiefung. Unauffällig, aber… irgendwie vertraut geformt.

Ich sah auf die Bohne in meiner Hand. An der Unterseite, ganz subtil, war eine Einkerbung.

Mein Herz klopfte schneller.

Langsam, fast feierlich, setzte ich sie in die Vertiefung ein. Sie passte. Millimetergenau.
Ein winziger Widerstand. Dann ein Klick. So leise, dass man es fast überhören konnte. Und dann ein feiner Ruck.

Die Bohne sprang in meiner Hand auf.

Ein Mini-Röllchen Papier fiel heraus – zusammengerollt wie eine Botschaft in einer Flaschenpost.

Ich entrollte es vorsichtig. Drei Wörter, eingeritzt in winziger Handschrift:

„Schattenlager. Tor 7."

Nick trat näher, las mit und kratzte sich am Kinn. „Schattenlager? Das klingt wie ein geheimer Level in einem Hafen-Videospiel."

„Oder wie ein Ort, den man nur kennt, wenn man hier arbeitet – oder früher mal gearbeitet hat."

Ich faltete das Röllchen wieder zusammen und legte es zurück in die Bohne. Dann verstaute ich sie sorgfältig in meiner Jackentasche.

„Tor 7“, murmelte ich. „Das klingt nach einem alten Lagertor. Vielleicht in den alten Schuppen bei den Überseehallen?“

Nick nickte langsam. „Oder im Bereich der alten Zollhallen bei der Wasserschutzpolizei. Dort gibt's noch Lagerschuppen, die heute gar nicht mehr genutzt werden. Manche stehen leer oder sind vermietet – für komische Sachen.“

„Komische Sachen?“, fragte ich.

Er zuckte die Schultern. „Fotostudios, Oldtimer-Garagen, Clubs, in denen nur samstags was passiert und keiner weiß, was. Hamburg eben.“

Ich lachte kurz, dann wurde ich wieder ernst. „Wenn Blome wollte, dass das hier gefunden wird, dann wusste er, dass die Zeit knapp wird. Und wenn jemand ihn vorher gefunden hat…“

„Dann sind wir vielleicht nicht die Einzigen, die das wissen“, sagte Nick finster.

Wir sahen uns an. Das erste Mal lag da nicht nur Neugier zwischen uns, sondern auch eine Ahnung von Gefahr.

In der Ferne hörte man ein Schiffshorn. Die Elbe rief. Und mit ihr: das Schattenlager.

„Wir müssen vorsichtig sein“, sagte ich. „Wenn das hier wirklich der Schlüssel zur Ankerbohne ist… dann beobachten uns vielleicht schon Leute.“

Nick grinste. „Dann sollten wir ihnen wenigstens etwas bieten.“

Ich zog die Kapuze hoch. „Bereit für Tor 7?“

Er salutierte spielerisch. „Ich fahr die Barkasse. Du sagst, wohin es geht.“

10. Dezember

Tor 7: Im Schatten des Hafens

Die Barkasse glitt leise durch das Hafenbecken. Die Morgensonne war inzwischen kräftiger geworden, aber der Wind wehte eisig durch die Pollerreihen. Die Kräne warfen lange Schatten auf das Wasser und Möwen stritten sich kreischend um einen toten Fisch, als wollten sie sich gegenseitig anklagen.

Nick steuerte mit der Gelassenheit eines Mannes, der sein halbes Leben auf dem Wasser verbracht hat. Ich stand neben ihm, hielt den Zettel mit „Schattenlager. Tor 7." zwischen den Fingern wie ein Eintrittsticket in die Vergangenheit.

„Du bist sicher, dass du weißt, wo das ist?", fragte ich.

„Wenn ich eins kenne, dann Hamburgs Tore", sagte er grinsend. „Tor 7 war früher ein Zugang zum alten Lagerkomplex hinter dem Schuppen 26. Heute ist das Gelände größtenteils stillgelegt. Kaum noch jemand geht da hin – nur noch Hafenratten und die ganz alten Typen mit Gedächtnis."

„Also, genau unser Revier."

„Willkommen im Schatten."

Wir legten unauffällig am alten Anleger an. Ein rostiges Geländer, halb überwachsen, begrüßte uns. Niemand war zu sehen. Es war die Art von Ort, an dem Geräusche lauter klingen, als sie sind – und an dem selbst der Wind flüstert, statt zu pfeifen.

Nick ging voraus und zog ein altes Schlüsselbund aus seiner Jacke. „Ich habe noch Kontakte bei der Hafenverwaltung. Die halten mich für ein Fossil, aber manchmal ist das nützlich."

Das Tor quietschte protestierend, als wir es öffneten. Dahinter: dunkle Gänge, hohe Decken, Reste alter Lagergestelle. Der Geruch war eine Mischung aus nassem Holz, Öl, Staub – und einem Hauch von Kaffee.

„Riechst du das?", fragte ich.

Nick nickte. „Jemand hat hier kürzlich geröstet."

Ich zog die Taschenlampe aus der Jacke. Der Lichtkegel zitterte leicht – nicht wegen meiner Hand, sondern wegen der Nerven.

Wir gingen langsam durch die Halle. An den Wänden: alte Markierungen in Kreide, Nummern, Pfeile, ein halb zerfallenes Schild mit der Aufschrift „Abteilung Kaffeeveredelung 1981".

„Das ist es", flüsterte ich.

Nick blieb stehen, sah nach oben. „Da. Ein Büro. Fensterläden zu. Aber das Schloss sieht neu aus."

„Jemand hat das kürzlich betreten."

„Oder will nicht, dass es jemand tut."

Ich trat vor – doch genau in dem Moment, als ich den Griff berührte, ertönte hinter uns ein Geräusch.

Ein metallisches Klirren. Dann Schritte. Und eine Stimme.

„Ihr seid zu spät."

Wir fuhren herum. Aus dem Halbdunkel trat eine Gestalt. Schlank, in einem Mantel, der mal teuer war, jetzt aber mehr Hafenstaub als Chic trug. Und darunter: ein Gesicht, das ich kannte.

„Herr Bock?", stieß ich hervor.

Bock, der Geschäftsführer von HanseRöst, der bei der Röstung in Bens Laden so nervös gewirkt hatte. Der, der angeblich kaum Kontakt zu Blome hatte.

„Warum überrascht mich das nicht?", murmelte Nick.

Bock hob die Hände, nicht bedrohlich, aber auch nicht ganz friedlich. „Ich hab's geahnt. Spätestens als ihr das Kontorhaus betreten habt. Ihr seid wie Blome – ihr hört nicht auf, bis ihr die Bohne habt."

„Warum sind Sie hier?", fragte ich und trat zwischen ihn und Nick. „Und was meinen Sie mit ‚zu spät'?"

Er sah mich an, das Gesicht von der Hafenluft gegerbt. „Ich wollte euch warnen. Ehrlich. Ich habe Blome viel zu verdanken. Aber ich habe Fehler gemacht. Und jetzt ist jemand aufgewacht, den wir besser hätten schlafen lassen."

„Klingt wie das Intro zu 'nem Piratenfilm", knurrte Nick. „Wer ist aufgewacht, Captain Bock?"

Bock seufzte. Dann zeigte er auf das Büro mit dem neuen Schloss. „Das ist nicht nur ein altes Röstarchiv. Es ist… sagen wir, der Umschlagplatz für eine Übergabe, die nie stattfand. Blome sollte damals einen Deal sichern – eine Charge limitierter Kaffeebohnen mit einer Geschichte. Mehr als Kaffee. Fast schon Kunst."

„Die Ankerbohne?", fragte ich.

Er nickte. „Und sie hat Feinde."

„Wieso sollte jemand deswegen morden?", fragte ich. „Wegen ein paar Bohnen?"

Bock trat näher, senkte die Stimme. „Nicht irgendeine Bohne. Die Ankerbohne war Teil eines Codes. Angeblich führt sie zu einer Plantage in Südamerika, die Blome mit einer alten Partnerin aufgebaut hat. Der Kaffee davon ist unvorstellbar selten und heiß begehrt im Untergrund."

„Im Untergrund?", rief ich. „Wovon reden wir hier, Breaking Beans?"

Nick lachte prustend, obwohl er die Hand an seiner alten Hafenwerkzeugtasche hatte, was bei ihm bedeutete: Jetzt wird's ernst.

Bock zuckte mit den Schultern. „Ich sage nur, es gibt Leute, die Millionen für ein paar Kilo Bohnen zahlen, wenn es bedeutet, dass sie den einzigen Zugriff darauf haben. Und Blome… hat das nie gewollt. Er hat es versteckt. Und dann – wurde er ermordet."

Ich spürte, wie sich die Puzzlestücke setzten.

„Sie denken, jemand folgt dem Pfad jetzt?", fragte ich.

„Ich weiß es", sagte Bock. „Ich wurde bereits verfolgt. Und ihr seid als Nächste dran."

Ein Knacken ließ uns zusammenzucken. Nick warf den Schein der Taschenlampe auf die andere Seite des Raums – doch niemand war zu sehen.

Bock trat vor und gab mir einen Schlüssel.

„Wenn ihr diesen Raum betretet, seid ihr mittendrin. Ihr könnt ihn auch wegwerfen. Oder ihr findet heraus, was Blome versteckt hat – bevor die anderen es tun.“

Ich nahm den Schlüssel. Alt, aber stabil. Wie die Speicherstadt selbst.

„Letzte Frage, Bock“, sagte ich. „HSV oder St. Pauli?“

Er grinste schief. „Ich bin Diplom-Kaffeehändler. Ich trinke mit beiden. Aber mein Herz schlägt schwarz-weiß-blau – die Könige des Nordens.“

„Hmmm... Aber wenigstens hat er Kaffeegeschmack.“, brummelte Nick.

Ich drehte den Schlüssel in der Hand. „Dann los. Zeit, die Tür zu öffnen. Und das nächste Kapitel – wortwörtlich.“

11. Dezember

Das Archiv der verlorenen Bohnen

Die Tür quietschte, als ich den Schlüssel drehte. Nicht wie ein gewöhnliches Schloss – es war ein sattes, altes Metallgeräusch, das klang, als würde man einen Tresor in einem Edgar-Wallace-Film öffnen.

Das Büro roch nach altem Papier, Röstresten, Bohnenstaub und – zu meiner Überraschung – einem Hauch Lavendel.

„Jemand war vor Kurzem hier", sagte Nick und wies auf eine halbvolle Espressotasse auf einem kleinen Beistelltisch.

„Wer auch immer es war, hatte Geschmack", murmelte ich und roch an der Tasse. Ein fruchtiger, säurebetonter Arabica. „Santa Rosa – aus Kolumbien. Blomes Lieblingsbohne."

An den Wänden: Regale, voll mit alten Aufzeichnungen, Röstanleitungen, Versandlisten, Kaffeetagebüchern. Das Licht der Taschenlampe tanzte über verblichene Etiketten, Notizen in krakeliger Handschrift – viele davon von Blome selbst.

„Sieht aus wie ein Archiv aus einer Zeit, in der Kaffee noch ein echtes Geheimnis war", sagte Nick. „Kein Lifestyle-Produkt, sondern Magie in Tüten."

Ich trat an den alten Schreibtisch. Darauf: eine Holzschatulle. Daneben eine Karte – handgezeichnet, die Umrisse der Speicherstadt, mit kleinen Kreuzen an verschiedenen Punkten. Und ganz unten in der Ecke: die Initialen V. J.

„Vanessa Jensen", las Nick leise. „Das bist du."

Ich starrte auf die Initialen. „Das kann nicht sein …"

„Oder Blome kannte dich besser, als du dachtest."

Ich öffnete die Schatulle. Darin lag ein kleiner Umschlag. Mein Name stand darauf – in Tintenschrift, alt, aber klar.

„Für Vanessa – wenn sie das hier findet, ist sie bereit."

Meine Hände zitterten leicht, als ich den Umschlag öffnete.

Darin: ein Foto von Blome, mit mir – aufgenommen vor Jahren, in einem der ersten Cafés, in denen ich je geschrieben hatte. Und ein Brief.

Ich setzte mich und begann zu lesen. Blomes Stimme erklang in meinem Kopf, als wäre er bei mir.

"Liebe Vanessa,

wenn du das liest, bist du auf dem richtigen Weg. Vielleicht die Einzige, die ihn zu Ende gehen kann. Ich habe vieles verborgen – nicht, um es zu verstecken, sondern um es zu bewahren. Die Ankerbohne ist mehr als ein Schatz. Sie ist ein Versprechen. An Hamburg. An die Seele des echten Kaffees.

Die Kreuze auf der Karte zeigen dir Orte, an denen ich Hinweise versteckt habe. Jeder enthält einen Teil des Codes – nicht nur geografisch, sondern auch emotional. Erinnerungen, Aromen, Entscheidungen. Wenn du sie findest, findest du nicht nur die Bohne. Du findest mich.

Und du findest dich.

Vertraue Nick. Und vertraue dir.

P.S.: Riech an der Bohne, wenn du zweifelst. Sie kennt den Weg."

Ich legte den Brief beiseite. Nick sah mich an – und ich wusste, dass er alles verstanden hatte, ohne ein Wort zu sagen.

Ich erhob mich langsam. In mir ein Mix aus Aufregung, Rührung – und einer Prise Angst. Das hier war größer als ein verschwundener Kaffeesack. Es war ein Vermächtnis. Und irgendwie... hatte Blome mich dazu bestimmt, es zu bewahren.

„Ich muss die Punkte auf der Karte überprüfen", sagte ich leise. „Einer davon wird der nächste Schritt sein."

Nick trat ans Fenster, zog die Holzluke zur Seite. „Und wenn jemand versucht, dich aufzuhalten?"

Ich lächelte. „Dann sollte er besser guten Kaffee mögen. Und schnelle Beine haben."

Nick grinste. „Du bist verrückter, als ich dachte."

Ich zeigte auf die Kreuze auf der Karte. Eines war direkt an der Uferkante eingezeichnet – beim alten Kaffeehafen. Ein Ort, an dem früher die Containerschiffe mit Bohnen aus aller Welt entladen wurden. Heute ist es nur noch ein Schatten seiner selbst.

„Das ist unser nächster Halt."

Nick nickte. „Ich bringe die Barkasse auf Temperatur."

Doch als wir uns umdrehten, fiel mir noch etwas ins Auge: Ein kleines Fach im unteren Bereich des Schranks, nur durch ein dezentes „Klick" zu öffnen. Ich drückte – und das Holz schwang auf.

Darin: eine winzige Mühle. Handgefertigt, aus Messing. Und ein kleines Röhrchen mit Bohnen – so hell, so glänzend, dass sie fast künstlich wirken.

Nick hob eine hoch und betrachtete sie.. „Sieht aus wie die Mona Lisa unter den Espressi."

Ich roch daran – der Duft war wie nichts, was ich je gerochen hatte. Voll, tief, rauchig, mit einem Hauch von Orangenschale und altem Holz.

„Das ist sie", flüsterte ich. „Ein Teil der Ankerbohne."

Ich verstaute sie vorsichtig in meiner Tasche. „Jetzt gibt's kein Zurück mehr."

Nick warf mir einen Blick zu. „War nie eins geplant, oder?"

Wir verließen das Archiv. Draußen war der Hafen wieder laut, geschäftig, lebendig. Die Welt drehte sich weiter – aber wir waren jetzt Teil einer Geschichte, die sich langsam entfaltete wie ein Kaffee im perfekten Bloom.

„Was meinst du, Vanessa…", sagte Nick plötzlich, als wir auf dem Weg zur Barkasse waren. „Wenn das hier vorbei ist – sag ich dir dann mal, was ich wirklich über dich denke?"

Ich sah ihn an. Lächelte.

„Kommt drauf an, ob du mir dann einen Kaffee kochst, der dem hier das Wasser reichen kann."

12. Dezember

Die Hafenlinie

Der Wind pfiff uns um die Ohren, als wir auf Nicks Barkasse durch das Gewirr der Hafenkanäle schipperten. Die Karte mit den Kreuzen lag zwischen uns auf einer alten Seekiste, beschwert von einer Espressotasse. Die Tinte war leicht verwischt, aber das Kreuz bei der Kaffeekante des alten Hafens war deutlich erkennbar.

„Früher lag hier das Kaffeeherz Hamburgs", sagte Nick, während er das Steuer mit einem Finger drehte. „Wenn du in den Achtzigern früh genug aufgewacht bist, konntest du den Röstduft bis zur Reeperbahn riechen."

Ich lehnte mich gegen die Reling. „Wie ein Kaffeeparfum für die sündige Meile."

„Nur besser. Man wurde süchtig, ohne etwas zu trinken."

Die Barkasse legte an einem verlassenen Anleger an, der aussah, als wäre er seit Jahrzehnten keinem Hafenarbeiter mehr begegnet. Moos wuchs zwischen den Steinen und rostige Ketten klirrten leise im Wind. Über allem lag ein Hauch von altem Kaffee – oder war es Einbildung?

Wir stiegen aus. Ich trat voraus, das Röhrchen mit den Bohnen sicher in meiner Jackentasche. Die Karte führte uns zu einem ehemaligen Lagerhaus, dessen Fenster teilweise mit Brettern vernagelt waren. Auf einem verwitterten Schild stand:

„Kaffeeverein Hamburg 1912 e.V."

Nick schnaubte. „Klingt fast wie ein Geheimbund."

„Oder wie ein geheimer Kaffeekult", murmelte ich.

Hinter einer halb eingefallenen Tür fanden wir eine steinerne Treppe, die in ein Untergeschoss führte. Jeder Schritt knarzte, jede Bewegung hallte, als würde der Raum uns beobachten. Unten angekommen, standen wir in einem Raum mit Backsteinwänden, der nach Geschichte und Zeit roch. Und nach etwas anderem.

„Vanille?", fragte ich.

Nick schnupperte. „Oder Tonkabohne. Was Exotisches jedenfalls."

Im Zentrum des Raums: eine alte Röstmaschine. Direkt davor – eine Holzkiste mit einem Symbol, das wie ein stilisierter Anker in einer Kaffeebohne wirkt.

„Das ist sie", flüsterte ich. „Das Symbol aus Blomes Notizen."

Ich öffnete die Kiste. Darin: ein ledergebundenes Notizbuch, versiegelt mit einem roten Band. Und ein Polaroidfoto – Blome, jung, lachend, neben einer Frau mit dunklem Haar und ernstem Blick.

„Wer ist das?", fragte Nick.

„Keine Ahnung. Aber sie war ihm wichtig."

Ich schlug das Buch auf. Die Seiten waren voller Skizzen, Koordinaten, Geschmacksbeschreibungen – aber auch Briefe. An eine Frau namens Marlene.

Ich überflog die ersten Zeilen:

„Marlene, wenn du das liest, bist du entweder mutiger als ich – oder dümmer. Wahrscheinlich beides. Du warst immer die mit dem besseren Geruchssinn – für Menschen, für Kaffee, für Gefahr."

Ich schluckte.

„Ich hab's nie geschafft, dir zu sagen, dass ich das Plantagenangebot abgelehnt habe. Wegen dir. Wegen Hamburg. Aber jetzt ist es zu spät. Wenn Vanessa das hier findet – ja, ich meine sie – dann führ sie. Du weißt, wie. Und gib ihr, was sie braucht. Denn sie ist wie du. Nur mit mehr Humor."

Nick grinste. „Also doch ein Geheimbund."

Ich lachte. „Oder eine sehr romantische Schnitzeljagd mit mörderischen Nebenwirkungen."

In der Kiste lag noch ein kleiner Beutel mit Kaffeebohnen – anders als die glänzenden aus dem Archiv. Diese hier waren heller, leicht marmoriert, mit einem fast goldenen Schimmer.

Ich roch daran. Zimt. Orangenzeste. Und etwas Undefinierbares – wie nasses Holz in der Sonne. „Die zweite Bohne", sagte ich leise. „Ein weiteres Puzzleteil."

Nick trat näher. „Und sie führt uns…?"

Ich holte tief Luft. „Zu Marlene. Wer immer sie ist – sie weiß mehr als alle anderen."

Ein lautes Klirren ließ uns herumfahren.

Jemand hatte draußen eine der Metallketten gegen einen Container geschlagen. Drei Silhouetten bewegten sich über den Kai, schnell und bestimmt.

„Wir sind nicht allein", sagte Nick.

Ich schloss das Buch, packte alles zurück in die Kiste und nahm sie an mich.

„Hoffentlich kennt deine Barkasse den Rückwärtsgang“, flüsterte ich.

„Sie kennt meinen Rückwärtsgang“, antwortete Nick. „Festhalten.“

Wir rannten. Schritte hinter uns. Rufe. Fremde Stimmen. Dann das vertraute Brummen des alten Dieselmotors.

Die Barkasse zog an wie ein Hafenhund auf Fischentzug. Die Gestalten am Ufer wurden kleiner.

Ich ließ mich auf die Bank fallen und atmete durch.

„Also…“, sagte Nick keuchend. „Was hast du aus dem heutigen Kapitel gelernt?“

Ich grinste. „Dass Kaffee wirklich gefährlich sein kann. Und… dass Blome mir vertraut hat. Und vielleicht sogar dich kannte.“

Nick hob eine Braue. „Mich?“

Ich zeigte auf den Notizbuchrand. Da stand in Blomes Schrift:

„Wenn du diesen Kerl mit dem Käppi siehst – der mit dem schlechten Schnack, aber dem groben Herzen – vertraue ihm. Er hat mal mein Leben gerettet.“

Nick wurde rot. „War 'ne andere Zeit. Langer Hafenabend. Ist kompliziert."

Ich reichte ihm eine Bohne. „Dann erzähl mir alles. Bei einem schönen Kaffee. Sobald wir bei Marlene sind."

13. Dezember

Marlene und der Duft der Wahrheit

Die Adresse, die wir aus Blomes Notizen entschlüsselt hatten, führte uns in den tiefen Westen Altonas. Nicht das hippe Ottensen, nein – wir standen vor einem kleinen, fast unsichtbaren Café in einer Seitenstraße hinter dem Fischmarkt. Kein Schild, keine Karte, keine Werbung. Nur ein mit Patina überzogenes Messingschild an der Tür: „M. & M. – Rösterei“.

„Marlene und…?“ Nick beugte sich näher. „Marlowe? Magie? Matjes?“

Ich klopfte. Zweimal kurz, einmal lang – wie im Film. Nick grinste.

Die Tür öffnete sich einen Spalt. Eine Frau, Ende sechzig vielleicht, mit silbergrauem Haar und Augen wie geröstete Mandeln, musterte uns. Kein Lächeln. Keine Fragen. Nur ein kurzes Nicken.

„Vanessa Jensen. Du hast lange gebraucht“, sagte sie.

Ich blinzelte. „Du bist Marlene.“

Sie trat zur Seite. „Ihr kommt genau richtig. Der Kaffee ist durchgelaufen.“

Wir traten ein. Der Raum war wie ein Museum für Kaffeekultur. Wände voller alter Mühlen, Espressomaschinen aus den Sechzigern, Vitrinen mit Bohnen aus aller Welt – jede einzeln etikettiert. Es roch nach Geschichte, nach Geduld, nach Geheimnissen.

„Ihr habt also Blomes Spur aufgenommen", sagte sie, während sie in der Ecke einen kleinen Hebel an einer glänzenden Pavoni zog. „Ich dachte, er würde sie bis ans Ende seiner Tage für sich behalten."

Nick ließ sich auf einen abgewetzten Ledersessel fallen. „Er hat's versucht. Aber Vanessa hat mehr Spürsinn als der Zoll."

Marlene reichte mir eine winzige Espressotasse. Der Duft stieg auf – und war sofort vertraut. Die erste Bohne aus dem Röhrchen. Hier war sie.

„Das ist sie", flüsterte ich.

Marlene nickte. „Ein Teil davon. Die Ankerbohne ist ein Blend. Vier Bohnen. Vier Geschichten."

„Und du kennst sie alle."

„Ich war bei der Entstehung dabei", sagte sie ruhig. „Wir waren fünf: Blome, ich, Jörg vom Hafen, Elise aus Äthiopien – und einer, über den keiner gern spricht."

„Wer?“

Marlene zögerte. „Ein Mann, der sich ‚der Kontrolleur‘ nannte. Er wollte den Kaffee… kontrollieren. Nicht genießen. Er wollte, dass Hamburg ihm gehört. Über die Bohne.“

Ich schaute zu Nick. Der hob eine Braue. „Klingt wie ein Bond-Bösewicht.“

Marlene lächelte. Zum ersten Mal. „Vielleicht. Aber gefährlich war er. Und ich fürchte, er hat wieder die Hand im Spiel.“

Ich spürte, wie sich meine Nackenhaare aufstellten.

„Was ist mit Elise?“, fragte ich.

„Sie lebt in Addis Abeba. Hat die Mutterbohne kultiviert. Wenn ihr die vier Bohnen zusammensetzen wollt, müsst ihr zu ihr.“

Ich lehnte mich zurück. „Also, eine kleine Weihnachtsweltreise...“

„Oder ein verdammt heißer Trip“, sagte Nick.

Marlene reichte mir einen kleinen Beutel. Darin: goldgelbe Bohnen mit einer Note, die nach Zimt, Tabak und Erinnerung roch.

„Das ist Nummer zwei. Die Hafenbohne.“

Ich nahm die Bohnen vorsichtig entgegen. „Das ist also der zweite Teil der Ankerbohne.“

Marlene nickte. „Ohne sie ist der Blend unvollständig. Sie gibt ihm die Tiefe. Die Melancholie. Wie ein Hamburger Wintermorgen.“

Nick roch daran und verzog das Gesicht. „Und einen Hauch Hafenkante mit Seemannsherz.“

Marlene blickte ihn scharf an. „Du warst einmal besser im Beschreiben, Nick.“

„Ihr kennt euch?“, fragte ich erstaunt.

„Früher mal“, sagte Marlene trocken. „Er hat mal versucht, mir eine Kaffeebar in St. Georg abzukaufen. Mit dem Charme eines nassen Pappkartons.“

Nick hielt die Hände hoch. „Ich war jung. Und arrogant. Heute bin ich nur noch charmant.“

Ich musste lachen.

„Was ist mit dem dritten Teil?“, fragte ich. „Wohin führt er uns?"

Marlene wurde ernst. „Zu Jörg. Er hat sich zurückgezogen. In einen alten Schlepper, den er zu einer fahrenden Rösterei umgebaut hat. Findet ihn – bevor es der Kontrolleur tut."

Ich verstaute die zweite Bohne sorgfältig. „Und du? Was wirst du tun?"

Marlene griff nach einem alten Foto von Blome, ihr und zwei anderen, die ich nicht kannte. Sie lächelte traurig. „Ich werde das Feuer warm halten. Falls ihr zurückkommt."

Als wir uns verabschiedeten, gab sie mir noch einen kleinen Umschlag. „Ein Brief von Blome. Für dich. Öffne ihn, wenn du beim dritten Punkt angekommen bist."

Draußen war der Wind frischer geworden. Die Möwen kreischten über uns, als wollten sie uns warnen. Nick schob die Hände in die Jackentaschen.

„Weißt du, was verrückt ist?", fragte er.

„Was?"

„Ich hab dich für eine Spinnerin gehalten, als du mit der Bohne um die Ecke kamst."

„Und jetzt?"

Er grinste. „Jetzt weiß ich, dass du eine Spinnerin bist. Aber genau die Richtige."

Wir lachten.

In der Ferne tutete ein Schlepper.

Die Suche ging weiter.

14. Dezember

Jörg und der flüssige Kompass

Der Nebel hing schwer über der Elbe, als wir in den frühen Morgenstunden an den Landungsbrücken ankamen. Die Barkassen tanzten leise an ihren Leinen und der Hafen wirkte wie eine vergessene Theaterkulisse, nur für uns inszeniert.

„Laut Marlene ist Jörgs Schlepper irgendwo bei Finkenwerder vertäut", sagte ich und entfaltete die Karte erneut. „Aber er bewegt sich angeblich jeden zweiten Tag."

Nick grinste. „Typisch Jörg. Immer in Bewegung, nie zu fassen. Der Mann ist wie ein Espresso-Shot – klein, stark, unberechenbar."

Wir stiegen auf Nicks Barkasse, die inzwischen eine gewisse Persönlichkeit entwickelt hatte – sie stank nach Diesel, ächzte beim Anfahren und schien trotzdem immer genau zu wissen, wohin sie wollte.

Das Wasser war trüb, die Sicht schlecht. Nebelschwaden krochen über die Reling und irgendwo rief ein einzelner Schlepper in der Ferne. Ich zog Blomes Brief aus der Tasche – noch ungeöffnet – und wog ihn in der Hand. Nicht jetzt. Erst wenn wir Jörg gefunden hatten.

Eine Stunde später entdeckten wir ihn: Ein rostiger, rot-schwarzer Schlepper mit einem hohen Schornstein, der leicht dampfte. An der Seite prangte in krakeliger Schrift: „Kompass. Aber flüssig.“

„Da ist er“, sagte Nick. „Jörgs Röstbude auf Wasserbasis.“

Wir legten an. Ich war kaum ausgestiegen, da knallte eine Falltür auf – und ein massiger, bärtiger Mann in gelbem Regenmantel tauchte auf. In der Hand: eine Mokkakanne, aus der es gefährlich dampfte.

„Wenn ihr keinen anständigen Kaffee mitbringt, könnt ihr gleich wieder abdampfen!“, brüllte er.

Ich hob die Tasche mit den Bohnen. „Haben was Besseres: Ankerbohne. Zweiter Teil.“

Der Mann kniff die Augen zusammen. „Vanessa Jensen. Du hast Blomes Blick.“

„Und du hast seine Lautstärke“, murmelte ich.

„Ich hör das!“, brummte Jörg. Dann grinste er. „Kommt rein. Aber zieht die Schuhe aus. Das hier ist ein Tempel.“

Drinnen war es… anders. Die Wände mit Kaffeesäcken tapeziert, Maschinen aus allen Jahrzehnten, ein Mini-Labor, überall Dampf, Bohnen, Röstaromen. Es war wie eine schwimmende Zeitkapsel. Oder ein Traum für Koffeinliebhaber.

„Du hast das Dritte“, sagte ich.

Jörg nickte. „Die Tropenbohne. Kam mit Elise aus Äthiopien. Ich hab sie gerettet, als der Kontrolleur das Lager stürmen ließ. Blome dachte, sie sei verloren.“

Er ging zu einem versteckten Fach unter dem Steuerstand und holte eine kleine Dose hervor. Als er sie öffnete, stieg ein Duft auf, der alles andere überlagerte. Fruchtig, fast blumig, mit einem Hauch von Papaya.

„Heilige Kaffeebohne“, flüsterte Nick.

„Die Heilige Dreifaltigkeit ist fast komplett“, sagte Jörg.

Jörg reichte mir die Dose. „Sorgsam damit. Die Bohnen sind nicht nur selten. Sie sind empfindlich. Wenn du sie zu heiß röstest, verlieren sie ihr Geheimnis.“

Ich roch daran – und für einen Moment war es, als würde ich durch einen äthiopischen Morgennebel spazieren. Der Duft war so lebendig, dass mein Herz kurz schneller schlug.

„Drei Bohnen. Drei Hüter", murmelte ich.

Jörg setzte sich auf einen umgedrehten Kaffeesack. „Und ein Schatten. Der Kontrolleur weiß längst, dass du suchst. Und er ist dir näher, als du denkst."

Ich erinnerte mich an die Männer, die uns bei der alten Kaffeevereinigung verfolgt hatten. Dunkle Anzüge, schlechte Laune.

„Was will er wirklich?", fragte ich.

„Die Kontrolle über Hamburgs Kaffeehandel", sagte Jörg. „Nicht nur symbolisch. Es geht um Monopole. Macht. Und um eine Rezeptur, die süchtig machen kann – im wörtlichen Sinn. Die Ankerbohne ist nicht nur besonders… sie ist gefährlich, wenn man sie falsch nutzt."

Nick wurde ernst. „Wir reden also nicht nur über Aroma. Sondern über Manipulation?"

Jörg nickte. „Deshalb hat Blome sie zerschlagen und verteilt. Deshalb haben wir geschwiegen. Zu lange."

Ich öffnete endlich den Umschlag von Blome.

„Wenn du bei Jörg angekommen bist, bist du bereit für die letzte Reise. Elise erwartet dich. Sie kennt das Ursprungsgeheimnis. Aber sie wird dich prüfen. Und du musst ihr die Frage beantworten, die ich nicht be-

antworten konnte: Was ist Kaffee für dich? Nur Genuss? Oder ein Versprechen?"

Ich las den Satz zweimal. Dann schaute ich zu Jörg.

„Wie kommen wir nach Addis Abeba?"

„Ich hab noch ein paar Kontakte", sagte Jörg. „Und ich schulde Blome etwas. Ich helfe euch."

Er reichte mir einen kleinen, metallenen Anhänger in Form eines Schiffspropellers. „Das ist dein Schlüssel. Elise wird ihn erkennen."

Nick grinste. „Und ich dachte, ich kriege ein Flugticket."

„Das ist das Flugticket", sagte Jörg. „Für die, die wissen, was sie suchen."

Als wir die Barkasse wieder bestiegen, war der Himmel heller. Der Nebel hatte sich gelichtet. Und ich hatte das Gefühl, dass wir uns dem Herzen des Ganzen näherten.

Nick startete den Motor.

„Nächster Halt: Äthiopien. Und eine Frage, die schwerer wiegt als jeder Espresso: Was ist Kaffee für dich, Vanessa Jensen?"

Ich schaute über das Wasser. Hamburg hinter uns, die Welt vor uns.

„Liebe", sagte ich leise. „Und Erinnerung. Und vielleicht… Rettung."

15. Dezember

Addis und die erste Röstung

Der Flug nach Addis Abeba war lang, aber seltsam ruhig. Während Nick im Flugzeug döste, die Käppi tief ins Gesicht gezogen, starrte ich aus dem Fenster. Unter uns zogen Wolkenfelder vorbei, wie Milchschaum auf einem zu großen Cappuccino.

Blomes Brief, Jörgs Anhänger, die drei Bohnen – alles fühlte sich plötzlich größer an. Bedeutender. Nicht mehr wie eine Schnitzeljagd. Sondern wie eine Entscheidung. Über Kaffee. Über Vertrauen. Über mich.

Am frühen Morgen landeten wir. Die Sonne stand golden über den Bergen und die Luft roch nach Erde, Rauch – und etwas Vertrautem: Röstkaffee.

Elise hatte uns eine Adresse geschickt. Keine große Plantage, keine gläserne Kaffeefabrik. Sondern ein kleines, flaches Lehmhaus am Rande der Stadt. Vor der Tür saß eine alte Frau, in bunte Tücher gehüllt, mit leuchtenden Augen und einem stillen Lächeln, das einen sofort umfing.

„Vanessa Jensen“, sagte sie. „Du riechst wie Blome. Und wie Hamburg.“

Ich lächelte. „Und du musst Elise sein.“

„Ich bin die Erinnerung der Bohne“, sagte sie. „Und du bist ihre Zukunft.“

Nick flüsterte: „Hat sie das mit Absicht so poetisch gesagt, oder ist das hier immer so?“

„Hier spricht man mit Herz und Nase“, erwiderte Elise. Dann winkte sie uns hinein.

Der Raum war einfach. Lehmwände, ein kleiner Lehmofen, Regale voller getrockneter Bohnen und ein Tisch mit einem großen, flachen Tonbräter. Elise setzte Wasser auf, warf getrocknete Kaffeebohnen in die Pfanne – und der Duft, der sich ausbreitete, war jenseits von allem, was ich kannte.

Frisch. Erdverbunden. Uralte Wärme.

„Das ist die Urbohne“, sagte sie. „Unverarbeitet. So, wie sie vor tausend Jahren gerochen hat. Bevor ihr angefangen habt, sie zu zähmen.“

Ich nahm eine Handvoll. Sie war leichter, fast pelzig. Aber die Energie darin war spürbar. Kein Koffeinrausch – sondern etwas Tieferes.

„Was war Blomes Rolle?“, fragte ich.

„Er wollte das Gleichgewicht. Die Bohne hat Kraft. Und Kraft braucht Führung. Aber der Kontrolleur – er wollte sie binden. Wie eine Droge.“

Nick runzelte die Stirn. „Also ist das hier nicht nur ein kulinarisches Abenteuer. Es geht um Kontrolle."

Elise nickte. „Die Bohne kann die Sinne öffnen. Oder vernebeln. Je nachdem, wie du sie behandelst. Du musst ihr zuhören."

Sie reichte mir eine frisch geröstete Bohne. Ich kaute darauf und sah in meinem inneren Auge Hamburg. Die Speicherstadt. Blome. Marlene. Jörg. Und… mich selbst, am Tresen, den ersten Kaffee meines Lebens trinkend. Ich war acht. Meine Mutter hatte mich immer probieren lassen.

Ich schluckte. „Erinnerung", flüsterte ich.

Elise lächelte. „Jetzt verstehst du."

Sie öffnete eine kleine Schatulle. Darin lag die vierte Bohne – hell, fast elfenbeinfarben, aber mit einem violetten Schimmer.

„Das ist der Kern. Der Ursprung. Die Seelenbohne."

Ich konnte meinen Blick kaum von ihr lösen. Die Seelenbohne. Sie wirkte unscheinbar – kleiner als die anderen, matt. Und doch lag eine Energie in ihr, die den Raum füllte wie Orgelklänge in einer Kirche.

„Was macht sie so besonders?", fragte ich leise.

Elise trat näher. „Sie ist nicht geröstet. Nicht fermentiert. Sie ist rein. Nur einmal im Jahr entstehen solche Bohnen – wenn Regen, Erde, Baum und Sternbild im Einklang sind. Blome hat sie einst gefunden. Ich habe sie ihm gegeben, weil er sie verstand."

Nick schaute skeptisch. „Und was sollen wir jetzt damit tun? Sie in eine Tüte packen und dem Kontrolleur an den Kopf werfen?"

Elise schüttelte den Kopf. „Ihr müsst entscheiden. Die vier Bohnen – Stärke, Tiefe, Ursprung und Seele – ergeben zusammen den Ankerblend. Aber nicht, um Macht zu gewinnen. Sondern um Hamburg daran zu erinnern, was Kaffee wirklich ist: Verbindung. Geschichte. Leidenschaft."

Sie legte mir eine Seelenbohne in die Hand. Sie war überraschend warm.

„Du wirst sie in Hamburg rösten müssen", sagte Elise. „Mit den anderen drei. Nur in der Stadt, wo das Rezept einst entstand, kann es wiedererwachen."

Nick verschränkte die Arme. „Und was ist mit dem Kontrolleur? Der wird nicht einfach zuschauen, wie wir seine ganze schöne Verschwörung aufbrühen."

Elise sah ihn lange an. Dann lächelte sie. „Er hat Angst. Weil er keine eigene Erinnerung an Kaffee hat. Nur Zahlen. Er wird kommen. Aber ihr werdet vorbereitet sein."

Ich schluckte. Der Gedanke, diese vier Bohnen in meiner kleinen Herzensrösterei zusammenzubringen, fühlte sich plötzlich wie ein heiliger Akt an. Ein Akt des Widerstands. Von Liebe.

Wir verabschiedeten uns. Elise nahm mich kurz in den Arm. Sie roch nach Holz, Rauch – und etwas, das ich nicht benennen konnte. Wie die Zeit.

„Wenn du zurück in Hamburg bist", sagte sie, „vergiss nicht: Du röstest nicht nur Bohnen. Du röstest Geschichten."

Wir flogen zurück. Mit einer kleinen Holzkiste im Gepäck – und einem Herzen, das so klopfte, als hätte es selbst zu viel Koffein abbekommen.

Nick grinste, als wir im Anflug auf Fuhlsbüttel waren.

„Na, Frau Röstmeisterin. Bereit für den letzten Akt?"

Ich nickte. „Aber vorher müssen wir einen alten Rivalen besuchen. Und das Stadion, das er so sehr hasst."

Er hob die Augenbrauen. „Du meinst… St. Pauli?"

Ich grinste. „Jede Bohne hat zwei Seiten, Nick. Es wird Zeit, dass wir uns beide anhören."

16. Dezember

Der Kaffeekrieg von Kiez und Kante

Der Wind peitschte von der Reeperbahn herüber, trug Schnapsfahnen und Fischbrötchendunst mit sich, während Nick und ich durch die Paulinenstraße Richtung Stadion schlenderten. St. Pauli war anders. Der Geruch. Die Geräusche. Der Puls der Straße.

„Ich glaube, meine HSV-Jacke lasse ich lieber im Rucksack", murmelte ich und zog den Reißverschluss über das Emblem.

„Weise Entscheidung", sagte Nick. „Wir sind hier in deinem feindlichen Aroma-Gebiet."

Unser Ziel lag ein paar Seitenstraßen hinter dem Millerntor: die „RöstRebellion". Eine alte Lagerhalle, halb zugewachsen, halb besprüht mit anarchistischen Kaffeesprüchen: „Röstet euch frei!", „Kein Gott, kein Zucker – nur Bohne", „Arabica statt Arroganz".

„Charmant", flüsterte ich. „Und leicht wahnsinnig."

Wir klopften an die Stahltür. Keine Reaktion. Ich klopfte erneut – diesmal im Rhythmus von drei kurzen, zwei langen und einem kurzen Ton. Das Signal, das Blome mir beigebracht hatte.

Krrrr-schhhh.

Ein kleiner Spalt öffnete sich. Zwei Augen musterten uns.

„Jensen?", fragte eine tiefe Stimme. „Vanessa?"

„Nur echt mit der Bohne", sagte ich und hielt die Kiste hoch.

Die Tür ging auf. Drinnen war Dampf, Musik, Schweiß und etwas, das wie revolutionäre Kaffeeliebe roch.

Die Halle war gefüllt mit alten Maschinen, umgebauten Fahrradröstern, Siebträgermonstern und einer riesigen Siebdruckmaschine, auf der gerade ein Poster gedruckt wurde: „KEIN KAFFEE FÜR KAPITALISTEN – Ankerblend bleibt frei!"

„Willkommen in der RöstRebellion", sagte eine Frau mit Undercut, Tattoos und einem rauen Lächeln. „Ich bin Kaja, Blomes letzte Verbündete im Untergrund."

„Schön, euch endlich zu treffen", sagte ich. „Wir brauchen eure Hilfe."

Kaja führte uns durch die Halle. Überall wurde gearbeitet, geröstet, verkostet. An einer Ecke saß ein Mann mit Brille und bastelte an einem alten Röstdrucksensor. Überall hingen Bohnenproben – aus Peru, Sumatra, Burundi.

„Wir wissen, dass der Kontrolleur euch jagt“, sagte Kaja. „Er hat bei uns auch schon angeklopft. Mit Angeboten. Lizenzen. Versprechen von Bio-Zertifikaten.“

„Und?“, fragte Nick.

„Wir haben ihm unsere Kaffeekatze ins Büro geschmuggelt“, grinste sie. „Er ist allergisch. Seitdem ist Ruhe.“

Ich konnte nicht anders; ich mochte sie sofort.

„Wir haben vier Bohnensorten.“, sagte ich.

Kaja hielt inne. Dann sah sie mich an, als hätte ich gerade einen vergessenen Schatz ausgepackt.

„Du willst wirklich den Ankerblend rösten?“

Ich nickte.

„Das geht nur an einem Ort“, sagte sie. „Und unter freiem Himmel.“
„Nicht in meiner Rösterei?“, fragte ich.

„Nein. Der erste Ankerblend wurde auf dem Dach der alten Kaffeebörse geröstet. Unter dem Sternbild Orion. Blome hat's erzählt. Es muss dort sein."

„Auf dem Dach der alten Kaffeebörse?", wiederholte Nick ungläubig. „Da oben rösten? Das ist… illegal, gefährlich und absolut verrückt. Außerdem ist es mittlerweile ein Hotel."

Kaja grinste. „Genau deshalb lieben wir's."

Ich sog die rauchige Luft ein. Etwas in mir vibrierte. Ich erinnerte mich an Blomes Worte – „Du musst zurück an den Anfang." Das Dach der alten Kaffeebörse. Zwischen Elbe, Speicherstadt und Hamburger Himmel.

„Dann tun wir's", sagte ich. „Aber wir brauchen eine Röstmaschine, die transportabel ist. Und jemanden, der aufpasst, dass uns der Kontrolleur nicht vorher einkassiert."

Kaja nickte. „Wir haben 'ne mobile Röstbiene. Dreirad. Eigenbau. Klein, schnell und heiß wie der Teufel. Ich fahr sie euch heute Nacht rüber."

Nick beugte sich zu mir. „Vanessa. Wenn du das wirklich machst, dann…"

„Dann was?", fragte ich.

Er sah mich lange an. Dann zuckte er mit den Schultern. „Dann bist du noch verrückter, als ich dachte."

Ich grinste. „Willkommen im Club."

Kaja klatschte in die Hände. „Okay, Leute. Mission Ankerblend startet heute Nacht. Aber vorher müsst ihr noch mitkommen. Es gibt was zu trinken."

Sie führte uns in einen Nebenraum. Dort saßen etwa zehn Leute um einen großen Tisch. Alle mit Tassen in der Hand. In der Mitte: eine Chemex, in die langsam dampfender, goldbrauner Kaffee tropfte.

„Das ist unser Kiezblend", sagte Kaja. „Röstung Nummer 1312. Mit einem Hauch Chili. Für innere Rebellion."

Ich nahm einen Schluck. Der Kaffee war… unerwartet. Scharf, dunkel, mit einem bittersüßen Abgang, der noch Minuten auf der Zunge blieb. Es war kein Kaffee für Anfänger. Aber es war echt. Lebendig. Hamburg auf dem Kiez.

„Wenn wir das durchziehen", sagte ich leise, „dann vereint dieser Blend nicht nur vier Bohnen. Sondern auch zwei Lager: HSV und St. Pauli, Tradition und Rebellion."

Nick lachte. „Dann wird's der erste Kaffee, bei dem beide Fanlager gemeinsam anstoßen."

Ich sah zu Kaja. „Hilfst du uns, ihn zu vollenden?“

Sie nickte. „Mit allem, was wir haben.“

Und so verließen wir die RöstRebellion im Licht der untergehenden Sonne. Mit einer mobilen Röstmaschine, einem geheimen Plan – und dem Gefühl, dass Hamburgs Herz in jeder Tasse schlagen würde, wenn wir es richtig machten.

17. Dezember

Röstung über den Dächern

Es war zwei Uhr nachts, als wir an der Ostseite der alten Kaffeebörse standen. Der Wind vom Hafen trug das Grollen der Schlepper mit sich, die Elbe glitzerte zwischen den Speichern, als wäre sie selbst gespannt auf das, was gleich passieren würde.

Die Röstbiene, Kajkas modifiziertes Lastenrad mit eingebautem Trommelröster, wartete gut getarnt hinter einer Bauplane. Nick, in dunklem Hoodie und mit Handschuhen, prüfte die Seile für den Aufstieg. Kaja kletterte schon an der feuchten Backsteinfassade empor wie ein Kaffeefledermaus-Ninja.

„Sag mal, wann ist eigentlich dein letzter Gesundheitscheck gewesen?“, fragte ich Nick, der mir beim Klettern half.

„Als ich das letzte Mal freiwillig um drei Uhr morgens auf ein Dach gestiegen bin, war ich noch Student – und da ging es nicht um Bohnen.“

„Was dann?“

„Stichwort: Flunkyballturnier auf St. Pauli.“

Ich lachte – und dann standen wir oben. Das Dach war rundlich, so dass wir auf den Balkon, der sich komplett an der Hauswand entlang zog, geklettert waren. Das sollte doch schließlich auch gehen. Direkt über uns der klare Winterhimmel – und das Sternbild Orion, hell und ruhig, genau über dem Hafen. Es war… magisch.

Kaja stellte die Röstbiene auf, schloss die Gasflasche an und klopfte gegen das Metall wie ein alter Seemann gegen den Bug seines Kahns.

„Letzte Chance zum Umdrehen", sagte sie grinsend.

Ich öffnete die kleine Holzkiste. Die vier verschiedenen Bohnensorten lagen dort, als hätten sie nur auf diesen Moment gewartet. Stärke, Tiefe, Ursprung… und die Seelenbohne.

Nick steht still. „Okay. Das ist nicht mehr nur ein Blend. Das ist ein Ritual."

Ich nickte. „Ein Versprechen."

Kaja füllte die ersten Bohnen ein – die violett schimmernden Bohnen aus Äthiopien. Der Duft stieg auf wie eine Erinnerung an alte Hafenhäuser. Dann die zweite, die mich an die Gerüche aus Blomes Rösterei erinnerten. Dann die dritten – die würzigen, runden Bohnen aus Sumatra, von Marlenes Fund. Und zu guter Letzt - die vierten, die wunderbar nach Papaya und purer Lebenslust dufteten.

Die Trommel drehte sich langsam. Wärme stieg auf. Und schließlich – die Seelenbohnen. Ich legte sie mit zitternden Fingern hinein.

In diesem Moment war es vollkommen still.

Kein Schiffshorn. Kein Windstoß. Nur das sanfte Knistern der Bohnen im Röster.

Ich sah zu den Sternen. Orion funkelte wie ein stummer Wächter. Der Geruch der Röstung veränderte sich – wurde voll, tief, beinahe… golden.

Kaja beugte sich über das Thermometer. „Gleich. Noch zehn Grad."

Nick trat an die Brüstung. Dann fluchte er leise.

„Was ist?", fragte ich.

Er deutete hinunter zur Straße.

Ein schwarzer Wagen mit getönten Scheiben parkte direkt vor dem Gebäude. Zwei Männer in Anzügen stiegen aus. Dann kam der Kontrolleur. Kühl wie immer. Mit Schal, Mantel – und einem Dossier unter dem Arm.

„Der riecht den Kaffee", murmelte Nick. „Wie ein Haifisch Blut."

Kaja fluchte. „Wir sind fast fertig. Wenn er hier hochkommt, haben wir keine Genehmigung. Das wird saftig."

Ich atmete tief durch. „Wir rösten zu Ende. Egal, was passiert."

Die Temperatur erreichte den Peak. Kaja öffnete den Röstauslass und die Bohnen rauschten in den Kühlbehälter – dampfend, duftend, perfekt.

Der Ankerblend war geboren.

„RUNTER!", rief Kaja. „Schnell! Ich lenke ihn ab!"

Sie schnappte sich die Biene und fuhr mit einem lauten Rumpeln über den Balkon zur anderen Seite des Gebäudes. Eine improvisierte Rutsche führte in eine schmale Gasse, wo ein Kumpel von ihr wartete. Nick und ich packten die gerösteten Bohnen in eine Leinentasche und kletterten wieder an der Hauswand herunter – gerade als der Kontrolleur die Eingangstür erreichte.

„Los, los, los!", flüsterte Nick und zog mich hinter einen alten Container.

Der Kontrolleur sah sich um. Die kalte Hafenluft ließ seinen Atem dampfen. Dann trat er näher an das Gebäude. Er hob den Kopf – und roch. Er wusste es.

„Sie sind hier gewesen“, sagte er leise. „Ich rieche… Ungehorsam.“

Ein Assistent reichte ihm ein Gerät. Er hielt es in die Luft. Es piepste.

„Ankerprofil erkannt“, sagte die Stimme. „Unlizensierte Röstung. Illegales Bohnenmuster.“

Er sah direkt in unsere Richtung. Ich hielt den Atem an.

Dann drehte er sich um.

„Finden Sie sie“, sagte er. „Der Blend darf nicht… wieder auferstehen."

Wir warteten, bis sie verschwunden waren. Dann schlichen wir uns zur nächsten Straßenecke, wo Kaja uns erwartete.

„Röstung gesichert“, sagte sie. „Aber er wird nicht aufgeben.“

Ich legte eine Hand auf die Tasche. Sie war warm. Lebendig.

„Sollen wir uns verstecken?“, fragte Nick.

Ich sah ihn an. „Nein. Wir machen das Gegenteil.“

„Wie meinst du das?“

Ich grinste. „Wir laden ganz Hamburg auf einen Kaffee ein.“

18. Dezember

Einladung zum Anker

Am nächsten Morgen lag der Rathausmarkt unter einer Decke aus glitzerndem Frost. Die Weihnachtsbuden schlummerten noch still, aber wir wussten: Bald würde hier das Herz Hamburgs schlagen – und mittendrin unser Plan. Eine öffentliche Verkostung. Der Ankerblend. Kein Versteckspiel mehr.

Nick parkte den alten Kaffeewagen von Blome direkt zwischen der Glühweinhütte und dem Fischbrötchenstand. „Sowas nennt man wohl: voll auf Konfrontation."

Ich grinste. „Oder: Wenn Kaffee revolutionär wird."

Vanessa Jensen – vormals Krimiautorin, nun halb Rösterin, halb Bohnenaktivistin. Wenn mir das jemand vor einem Monat erzählt hätte, hätte ich ihn ausgelacht. Jetzt war ich mittendrin – mit klopfendem Herzen und einer Tasche voller Magie.

Kaja hatte die Bohnen über Nacht gemahlen – frisch, präzise, respektvoll. Wir hatten zwölf Liter Wasser aus Blomes geheimer Quelle mitgebracht – weich, mineralisch, perfekt. Der Wagen schnurrte, die Maschinen zischten und Hamburg begann langsam zu erwachen.

„Wenn du den ersten Schluck ausschenkst", sagte Nick, während er Milch aufschäumte, „dann bist du nicht mehr nur Beobachterin. Dann bist du Teil der Geschichte."

Ich nickte. Und schaute zum Himmel. Wolken zogen über die Türme des Rathauses. Möwen kreischten. Und dann – als wären sie von Kaffeeduft angelockt – kamen sie.

Zuerst ein paar Neugierige: Rentner, Marktgänger, ein paar Touristen. Dann mehr. Ein Mann mit HSV-Mütze. Zwei Mädels im St. Pauli-Schal. Eine Gruppe Studierende mit Thermobechern.

Ich hob die Stimme.

„Guten Morgen Hamburg! Kommt näher – heute schenken wir euch einen Kaffee aus, wie ihr ihn noch nie getrunken habt. Den Ankerblend. Aus vier Bohnen. Für eine Stadt."

Kaja stand neben mir und schenkte ein. Nick reichte die ersten Tassen.

„Ist das mit Hafermilch?", fragte eine ältere Dame skeptisch.

„Nur, wenn Sie das wollen", grinste Kaja. „Aber ich empfehle: pur. Schwarz. Ehrlich."

Sie probierte. Ihre Augen weiteten sich.

„Das ist… oh! Das ist wie meine Jugend auf'm Kiez. Nur mit mehr Seele."

Die Nachricht verbreitete sich wie ein Lauffeuer. Noch vor elf Uhr war der Platz voll. Überall roch es nach gerösteter Geschichte. Nach Aufbruch. Nach Hamburg.

Doch dann – das Surren.

Ein schwarzer Van parkte am Rand des Marktes. Zwei Männer stiegen aus. Der Kontrolleur trat hervor. Elegant, eiskalt. Er klatschte einmal in die Hände.

„Dies ist eine illegale Lebensmittelverkostung ohne behördliche Genehmigung. Sie verstoßen gegen die Verordnung 18B – Röst- und Ausschankkontrolle."

Die Menge wurde still. Ich trat vor.

„Wir servieren keinen Kaffee", sagte ich. „Wir servieren Erinnerungen. Heimat. Ein Stück Hamburg."

Er musterte mich. „Sentimentalität ist keine Lizenz."

Die Menge schwieg. Der Kontrolleur trat näher, zog ein versiegeltes Kuvert aus seiner Manteltasche und hielt es hoch wie einen richterlichen Beschluss.

„Hiermit beschlagnahme ich die Rezeptur des sogenannten ‚Ankerblends' sowie alle damit verbundenen Bohnen, Maschinen und Dokumente. Ab sofort untersagt – im Namen des Amts für Lebensmittelstandard und Genussmittelkontrolle."

Kaja trat vor. Ihre Stimme war ruhig, aber fest.

„Sie können das Papier behalten. Aber den Geschmack, Herr Kontrolleur – den nehmen Sie uns nicht."

Nick baute sich neben sie auf. „Außerdem: Das hier ist Hamburg. Hier wird nix beschlagnahmt, bevor nicht jemand mit 'nem Mettbrötchen in der Hand widerspricht."

Ein leises Lachen ging durch die Menge. Dann ein Pfeifen. Ein paar „Na-na-nas" im Fußballtakt. Plötzlich war da mehr als nur Protest. Es war Stimmung.

Und dann, aus der Menge, trat ein kleiner Mann mit grauem Bart, Fischerjacke und Elbsegler: Käpt'n Hein.

„Entschuldigung, junger Mann", sagte er zum Kontrolleur. „Aber als Ehrenmitglied des Hamburger Hafenvereins und Barkassenkapitän auf Lebenszeit genehmige ich diesen Kaffee hiermit höchst offiziell."

Er hob eine dampfende Tasse.

„Ankerblend? Schmeckt wie Heimathafen."

Applaus. Johlen. Irgendjemand spielte „An der Eck steiht'n Jung mit'n Tüddelband ..." auf dem Akkordeon. Und während der Kontrolleur irritiert blinzelte, rief eine Stimme von hinten:

„Das ist der beste Kaffee, den ich je hatte – und ich komme vom Michel!"

Der Beamte schnappte nach Luft. Doch dann… trat jemand Neues an ihn heran. Eine Frau im roten Mantel. Schwarzer Aktenkoffer. Glatte Haare. Glatte Stimme.

„Ich bin vom Senat. Lebensmittelinnovation. Und was ich hier sehe, ist kein Gesetzesbruch. Es ist eine kulturelle Manifestation."

Sie hielt ihm eine Visitenkarte hin. „Und ich wette, Ihre Behörde möchte nicht als Kaffeemörder in die Geschichte Hamburgs eingehen."

Der Kontrolleur schwieg. Dann steckte er seine Verfügung wieder ein. Drehte sich wortlos um. Und stieg in den Van.

Ich atmete aus.

Nick stellte sich zu mir. „Und jetzt?“

Ich grinste.

„Jetzt rösten wir bis Weihnachten.“

19. Dezember

Vier Bohnen für ein Halleluja

Die Tage nach dem „Rathausmarkt-Wunder“, wie der Abendblatt-Kolumnist es nannte, vergingen wie im Rausch. Hamburg hatte seinen Kaffee zurück. Und mehr: Es hatte eine neue Röstkultur. Eine Bewegung. Eine Stadt, die sich durch Bohnen definierte.

In der Speicherstadt roch es wieder nach geröstetem Mut. In Ottensen eröffneten über Nacht Pop-up-Kaffeebars mit Ankerblend. Barkassen führten spontan „Latte-Linien“ durch den Hafen. Und sowohl HSV- als auch St.-Pauli-Fans prosteten sich mit Espressotassen zu – was keiner je für möglich gehalten hätte.

Nick und ich standen wieder in Blomes Rösterei. Es war spät, draußen zogen Schneeflocken über die Dächer. Drinnen arbeitete die Trommel. Und mein Herz.

„Weißt du, was das Verrückteste ist?“, sagte ich.

„Dass wir nicht verhaftet wurden?“

Ich lachte. „Nein. Dass ich mich plötzlich… angekommen fühle.“

Er trat zu mir. „Manchmal führt dich ein Umweg genau dorthin, wo du eigentlich hingehörst.“

Ich blickte in seine Augen. Warm, wach, voller Geschichten, die er nie ganz erzählte.

„Und du?“, fragte ich. „Was fehlt dir noch?“

Er sah zu den Bohnen. Dann wieder zu mir. „Vielleicht… nur noch eine Sache.“

Aber bevor er weitersprechen konnte, klopfte es an der Tür. Kaja trat herein, mit wehender Mütze und einem verschmitzten Grinsen.

„Ich hoffe, ich unterbreche kein Kaffeeknistern“, sagte sie.

„Kommt drauf an, womit du uns unterbrichst.“

Sie legte eine alte Blechdose auf den Tisch. Verbeult. Verstaubt. Mit einem verblassten Etikett:

„Blend 4.0 – Ursprung & Erbe“.

Ich erstarrte.

„Wo hast du das her?“

„Im Fundament der RöstRebellion“, sagte sie. „Im Keller, zwischen alten Kaffeesäcken und einem Poster von Jan Delay. Ich dachte, du solltest das sehen.“

Ich öffnete die Dose vorsichtig. Darin: ein vergilbter Zettel mit alter, schwungvoller Handschrift. Blomes Handschrift.

„Der wahre Anker liegt nicht in der Mischung. Sondern im Moment, den sie erschafft.

Wenn du ihn findest, wirst du ihn schmecken."

Nick las mit. „Was soll das heißen? Dass der Blend mehr ist als nur Geschmack?"

Ich starrte auf die Notiz. Dann begriff ich. „Es fehlt eine Zutat."

„Eine fünfte Bohne?", fragte Nick.

Ich schüttelte den Kopf. „Nein. Keine Bohne. Ein Moment. Ein Gefühl. Blome hat immer davon gesprochen, dass Kaffee mehr ist als Chemie. Er wollte, dass man ihn mit der Seele trinkt. Vielleicht… war das sein Geheimnis."

Kaja runzelte die Stirn. „Du meinst, der Ankerblend ist erst komplett, wenn er geteilt wird?"

Ich sah sie an. Und dann wusste ich es.

„Genau das."

Plötzlich ergab alles Sinn: Warum Blome nie ein Rezept niedergeschrieben hatte. Warum der Blend nur an einem Ort, zu einer bestimmten Zeit, wirklich seine Wirkung entfaltete. Warum Menschen weinten, wenn sie ihn tranken – nicht, weil er stark war, sondern weil er sie berührte.

Nick legte eine Hand auf meine. „Dann ist es jetzt an der Zeit. Für den großen Moment."

Ich nickte. „Wir machen es offiziell. Weihnachten. HafenCity. Ein Fest. Für alle."

Kaja grinste. „Ein Kaffeekonzert auf dem Wasser?"

„Mit Barkassen, Chören, Lichterketten. Und am Ende – der letzte Tropfen Ankerblend. Live. Für alle, die kommen."

Nick zog seine Jacke an. „Dann brauchen wir Genehmigungen, Technik, Bohnen, Becher…"

Ich unterbrach ihn. „Und Liebe. Wir brauchen Liebe. Für Hamburg. Für den Hafen. Für diesen Kaffee."

Kaja salutierte scherzhaft. „Und vielleicht etwas Glüh-Gin für die Frostbeulen."

Draußen rieselte der Schnee leise auf die Backsteinfassade der Speicherstadt. Die Lichter spiegelten sich in den Kanälen. Und in meinem Herzen machte sich ein Gefühl breit, das ich lange vermisst hatte.

Vorfreude.

20. Dezember

Hafenlichter & Heimathafen

Hamburg lag unter einer Schneedecke, die selbst die Schlepper ehrfürchtig bremste. Der Hafen glitzerte wie ein Lichtermeer. Es roch nach gebrannten Mandeln, Algen – und der Hoffnung, dass es dieses Jahr mehr gab als nur Geschenke: Wahrheit. Kaffee. Zusammenhalt.

Wir standen auf der Barkasse von Käpt'n Hein – der nun offizieller „Admiral der Kaffeeflotte“ war – und planten das große Weihnachtsfinale. Die „RöstRebellion“ war bereit. Überall im Hafen blinkten kleine Bojenlichter: Codes für Unterstützer. Die halbe Stadt hatte sich verbündet.

Ich trug einen dicken Mantel, zwei Paar Handschuhe und einen inneren Glühwein, weil mein Herz seit Tagen auf Höchsttemperatur lief.

Nick hatte einen Mini-Kessel am Bug installiert. Der letzte Ankerblend wurde darin über echtem Feuer erhitzt – langsam, rituell. Und er roch... wie Heimkehr.

„Wenn wir das heute durchziehen“, sagte Kaja, die vom Dach einer Lagerhalle winkte, „dann schreiben wir Geschichte. Und zwar mit Arabica, nicht mit Tinte.“

Doch dann: ein Anruf.

Nick nahm ab – seine Augen wurden schmal.

„Was? Wiederhol das! … Wie viele?"

Er legte auf.

„Was ist passiert?", fragte ich.

„Der Kontrolleur hat's geschafft. Die Behörde hat den Zugang zur HafenCity blockiert. Sicherheitsbedenken. Keine Schiffe, keine Barkassen – nichts darf rein. Keine öffentliche Verkostung. Ende."

Stille. Selbst Käpt'n Hein schwieg. Und das will was heißen.

„Er will uns brechen, bevor wir einschenken", flüsterte ich.

Nick nickte. „Er weiß, dass wir heute gewinnen würden. Und genau deshalb... versucht er, es zu verhindern."

Ich atmete tief ein. „Dann müssen wir dorthin, wo er keine Kontrolle hat."

„Und wo soll das sein?", fragte Kaja.

Ich blickte in Richtung Elbtunnel. Dann zu Hein.

„Unter der Stadt."

„Unter der Stadt?", wiederholte Hein, während seine Bartspitzen Eiskristalle sammelten.

Ich nickte. „Der alte Elbtunnel. Da hat der Kontrolleur nichts zu sagen. Der gehört nicht ihm. Der gehört Hamburg. Und den Menschen."

Kaja grinste sofort. „Ich lieb's. Ein geheimes Kaffee-Finale unter der Elbe. Da kriegt er Schnappatmung in drei Gängen!"

Nick war noch skeptisch. „Die Logistik… Becher, Maschinen, Publikum…"

„…haben wir!", fiel ihm Hein ins Wort. „Ich kenn 'nen alten Kollegen von den Elbtunnel-Wartungsleuten. Wenn wir uns beeilen, schleusen wir heute Abend alles rein, bevor der Nachtbetrieb beginnt. Gibt da 'ne Seitentür, die kennt nur die halbe Hafenszene – und Käpt'n Hein."

Ich spürte, wie sich mein Herzschlag der Hafenschlagzahl anpasste. „Dann rufen wir sie alle zusammen. HSV-Fans. St. Paulianer. Barkassenkapitäne. Latte-Art-Künstler und Kaffeetanten. Heute Abend… geht's unter die Elbe."

Die Nachricht verbreitete sich wie ein gut gerührter Cappuccino: samtweich, aber mit Nachdruck.

Um 20 Uhr stand ich an der Wendelrampe des Elbtunnels, neben mir Nick mit dem Kupferkessel, Kaja mit einem tragbaren Gasbrenner, Hein mit einer Thermoskanne, auf der „Nimm das, Bürokratie!“ stand.

Und dann… kamen sie.

Dutzende, Hunderte. Mit Mützen, Thermobechern, selbst gebastelten „Ankerblend statt Aktenquatsch“-Schildern. HSV- und St. Pauli-Schals friedlich nebeneinander. Über uns hallten alte Arbeiterlieder, gemischt mit Kaffeeduft.

Die Röstung war perfekt. Der Moment auch.

Ich trat nach vorne, mein Herz klopfte lauter als die Hafenbassboxen.

„Liebe Hamburgerinnen und Hamburger“, rief ich, „vor hundert Jahren wurde dieser Tunnel gebaut, um Menschen zu verbinden. Heute tun wir das wieder. Mit Bohnen. Mit Mut. Mit Geschmack.“

Nick schenkte aus. Der Dampf stieg auf wie Hoffnung in Tassenform. Menschen tranken. Und viele weinten – wieder.

Eine alte Dame sagte: „Das schmeckt wie mein erster Kuss in Altona. Nur heißer.“

Ein junger Typ mit Pauli-Mütze rief: „Für so 'nen Kaffee kann man auch mal 'n HSV-Fan umarmen!"

Kaja flüsterte: „Wenn Blome das sehen könnte..."

Ich nickte. „Ich glaube, er tut's."

Plötzlich rief jemand von hinten: „Er kommt! Der Kontrolleur!"

Alle drehten sich um. Schritte hallten durch den Tunnel. Und da war er. Kalt wie ein Kühlschrank im Eisbad. Doch dieses Mal... war er zu spät.

Ich trat ihm entgegen. „Sie können uns vielleicht Vorschriften machen. Aber den Geschmack, das Herz, die Stadt – die gehören uns."

Er blickte in die Menge. Er sah Kinder mit Bechern. Alte Männer mit Tränen. Rivalen, die sich zuprosteten.

Und zum ersten Mal... sagte er nichts. Er drehte sich um. Und ging.

Ein Raunen ging durch den Tunnel. Und dann – Applaus. Jubel. Lichter.

Der Ankerblend hat gewonnen. Nicht als Produkt. Sondern als Gefühl. Als Herzschlag Hamburgs.

Und dann, als wäre das alles nicht schon schön genug gewesen, passierte etwas, das keiner erwartet hatte.

Ein Kerl mit schiefer HSV-Mütze, der gerade noch lauthals „Moin!" in alle Richtungen gebrüllt hatte, hob plötzlich die Arme. Neben ihm stand ein junger Mann mit St.-Pauli-Pulli, tätowierten Fingern, Nasenpiercing, Glühweinfleck auf der Hose. Der HSV-Fan legte ihm den Arm um die Schulter, klopfte ihm kameradschaftlich auf den Rücken und sang mit sonorer Stimme:

„Mein Hamburg lieb ich sehr. Sind die Zeiten auch oft schwer..."

Der St.-Paulianer blinzelte, grinste – und stimmte ein:

„…weiß ich doch, hier gehör ich her."

Wie ferngesteuert drehte sich die Menge zu ihnen um. Für einen winzigen Moment war es ganz still, nur ein fernes Möwenschreien hallte durch den Tunnel. Dann setzten immer mehr Stimmen ein. Erst zögerlich, dann mit voller Kehle.

„Hier wo ich geboren bin. Wo ich spielte schon als Kind. In den Straßen, die mein Zuhause sind..."

Die Stimmen vermischten sich, füllten das Tunnelrund, als würde die Elbe selbst mitsummen. Barkassenkapitäne schwenkten ihre Mützen. Rentnerinnen winkten mit selbstgestrickten Becherwärmern. Kaja starrte mit glasigen Augen in die Menschenmenge, Hein schniefte geräuschvoll in seinen Schal und Nick ließ fast den Kupferkessel fallen.

Ich selbst konnte nicht singen. Mein Hals war wie zugeschnürt. Stattdessen ließ ich den Blick schweifen. Über Gesichter, die lachten, weinten, strahlten – vereint im Glanz eines Moments, der größer war als Kaffee, als Röstung, als Vorschriften.

Hamburg steht zusammen.

HSV neben St. Pauli. Hafen neben Speicherstadt. Latte-Art neben Lebenserfahrung.

Und da war sie wieder – diese Magie, die manchmal zwischen Pfeffersäcken und Glühweintassen auftauchte. Diese rührende, kernige, unerschütterliche Liebe zu dieser Stadt.

Tränen liefen. Aber keiner schämte sich. Wie auch?

Denn wenn ein HSV-Fan und ein St.-Paulianer Arm in Arm unter der Elbe stehen und singen, während Kaffeedampf wie Nebel durch das Backsteinherz der Stadt zieht, dann ist das kein Krimi mehr.

Dann ist das Weihnachten in Hamburg.

Und die schönste Tasse Heimat, die man sich einschenken kann.

21. Dezember

Ein letzter Tropfen Wahrheit

Drei Tage bis Weihnachten.

Der Elbtunnel war wieder leer, aber in meinem Herzen hallte das Echo noch nach – von Stimmen, dem schönen Lied, Bechern, Tränen. Hamburg hatte sich einen Moment geschenkt, der wärmer war als jeder Glühwein. Und ich war mittendrin gewesen. Mittendrin in der Geschichte. Und vielleicht – auch in der Liebe.

Nick steht in der Rösterei und poliert mit bedächtiger Sorgfalt die Kupfertrommel. Als wäre sie eine Reliquie. Oder ein Herz.

„Das war magisch", sagte er.

„War es. Und es war erst der Anfang."

Ich wollte gerade den nächsten Schritt planen – vielleicht eine Fortsetzung des Ankerblends als Limited Edition mit Spendenanteil für Hamburger Hafenhelfer – als Kaja hereinplatzte. Mit einer alten Zigarrenkiste unterm Arm und einem Ausdruck im Gesicht zwischen Aufregung und Tränen.

„Ich… ich hab was gefunden", keuchte sie. „Im doppelten Boden des Röster-Schreibtischs. Da, wo sonst nur Blomes Marzipankugeln lagen."

Ich öffnete die Kiste vorsichtig.

Darin lag ein Brief. Handgeschrieben. Versiegelt mit Wachs. Auf dem Umschlag stand:

„Für meine letzte Röstung – und die, die sie vollenden wird."

Mein Puls stieg. Ich brach das Siegel.

„Wenn du das liest, ist mein letzter Kaffee wahrscheinlich schon durch eure Mühlen gewandert. Ich habe immer gewusst, dass ich meine Idee nicht vollenden würde. Dafür braucht es mehr als einen Mann – es braucht Menschen mit Herz, Nase, Humor und Hafenblick.

Vanessa – wenn du das liest, dann gehörst du dazu. Aber es gibt noch etwas, das du wissen musst."

Ich las weiter – und mir stockte der Atem.

„Der Ankerblend ist nicht neu. Er ist alt. Älter, als ich. Er stammt von einem Mann, den du nie gekannt hast und den du doch dein ganzes Leben gesucht hast.

Dein Vater."

Stille.

Nick trat näher. „Was?"

Ich las laut weiter.

„Er war Seemann. Ein Röstkünstler. Und der erste, der diesen Blend kreierte – als Symbol seiner Liebe zu Hamburg. Und zu deiner Mutter. Sie haben ihn gemeinsam getrunken. In einer Nacht in der Speicherstadt. Dort, wo du… entstanden bist."

Ich hielt den Brief mit zitternden Fingern.

„Blome wusste es. Mein Vater war… ein Kaffeeröster."

Kaja flüsterte: „Deshalb hattest du so ein Gespür für den Blend. Es war in deinem Blut."

Ich musste mich setzen. Mein Leben, das ich bisher für eine Sammlung chaotischer Kapitel gehalten hatte, bekam plötzlich Struktur. Eine Herkunft. Ein Anfang.

„Das verändert alles", sagte ich leise.

Nick kniete sich neben mich.

„Oder es bestätigt einfach nur, was du schon längst bist: die Richtige, um diesen Kaffee zu retten."

Ich starrte auf den Brief in meinen Händen. Die Tinte hatte sich leicht auf dem Papier verzogen, als hätte Blome beim Schreiben geweint. Oder vielleicht war das nur meine Fantasie. Oder meine eigenen Tränen.

Kaja nahm vorsichtig die Zigarrenkiste in die Hand und holte ein kleines, verblichenes Foto heraus. Zwei Menschen. Ein junger Mann mit wirrem Seemannshaar, in einer Rösterei voller Dampf und Charme. Und eine Frau mit blondem Pony, die auf einem Kaffeesack saß und lachte, als sei die Welt ein Lied.

Ich erkannte sie sofort.

„Das ist meine Mutter“, flüsterte ich.

Kaja schluckte. „Und er… muss dein Vater gewesen sein. Dein leiblicher.“

Nick trat einen Schritt zurück und blickte mich lange an. „Weißt du, was das heißt?“

Ich schüttelte den Kopf.

„Dass du nicht nur diesen Fall gelöst hast. Sondern auch dich selbst gefunden hast.“

Es wurde still in der Rösterei. Nur das Summen der Heizröhren über uns erinnerte daran, dass draußen

Schnee fiel. Hamburg wartete auf Weihnachten. Und ich auf die nächsten Atemzüge.

„Ich will den Ankerblend weitergeben", sagte ich schließlich. „Aber nicht als Legende. Nicht als Produkt. Sondern als Geschichte. Als Hafenmärchen. Als Vermächtnis."

Nick lächelte. „Dann fangen wir an. Gemeinsam."

Ich sah ihn an – und in diesem Blick lag nicht nur Dankbarkeit, sondern etwas Tieferes, Wärmeres.

„Du bleibst?", fragte ich leise.

„Nur wenn der Kaffee hier besser ist als anderswo."

Ich grinste. „Du weißt doch, was Blome sagte: Der beste Kaffee ist der, den du mit Herz trinkst."

Draußen fuhr eine Barkasse vorbei, das Licht spiegelte sich in den Fenstern. Der Hafen lebte. Und in meinem Herzen wuchs ein Gedanke: Vielleicht war dieses Jahr nicht alles verloren. Vielleicht war es genau das Jahr, das alles begann.

Ich griff nach dem Rösterlöffel, nahm eine Prise der neuen Bohnenmischung auf, roch daran – und wusste:

Das war erst der Anfang.

22. Dezember

Die letzte Probe

Zwei Tage bis Weihnachten.

Die Speicherstadt funkelte wie eine Zuckerstadt in einem Schneekugeltraum. Überall hingen Lichterketten, an jeder Ecke dampften Tassen und der Duft von Zimt, Karamell und frisch geröstetem Kaffee lag wie ein süßes Versprechen in der Luft.

In der „Hafennase", wie wir die kleine provisorische Bühne auf dem Ponton vor dem Wasserschlösschen nannten, liefen die letzten Vorbereitungen. Nick und ich hatten beschlossen, die allerletzte Charge des Ankerblends öffentlich zu rösten, frisch aufzubrühen und gemeinsam mit allen Gästen zu trinken – als Abschluss, als Neuanfang, als Ritual.

„Das wird unser Kaffeeoratorium", sagte Kaja und hielt den Zeitplan hoch wie ein Dirigentenpult. „Barkassen-Ankunft: 18:00. Lichtshow: 18:30. Kafferöstung live: 19:00. Ausschank: 19:30. Applaus: durchgehend."

„Und was ist mit der geheimen Bohne?", fragte ich und hielt ein kleines, silbernes Döschen hoch – darin helle, goldene Bohnen mit rötlich schimmernder Marmorierung. Blomes „Herzbohne". Sie sollte als krönender Abschluss in den Kessel wandern.

Nick nahm das Döschen behutsam entgegen. „Die kommt als Letztes rein. Punkt 19:12 Uhr. Der Moment, an dem Blome immer gesagt hat: Jetzt beginnt der Zauber."

Ich nickte. Alles war bereit. Und doch… hatte ich ein schlechtes Gefühl. Als würde noch etwas lauern – im Schatten, hinter den Kulissen. Wie der letzte, leise Trommelschlag vor dem Showdown.

Und dann geschah es.

Kaja kam aus dem Rösterei-Büro gestürmt, ein zerknitterter Brief in der Hand, das Gesicht kreidebleich.

„Der Kontrolleur… hat eine Unterlassungsverfügung erwirkt. Wegen angeblicher Gesundheitsgefährdung durch offene Feuerquellen in denkmalgeschütztem Gebiet. Wenn wir hier rösten, drohen 10.000 Euro Strafe – und persönliche Haftung."

Nick fluchte leise. „Typisch. Noch ein letzter Schlag, bevor er endgültig verschwindet."

Ich nahm ihm das Döschen aus der Hand und schloss es wieder. „Dann rösten wir woanders."

„Wo denn bitte?!", fragte Kaja. „Die Barkassen sind unterwegs, der Ponton ist gebucht und… es ist morgen Weihnachten!"

Ich sah hinaus über die Kanäle. Und dann fiel mein Blick auf die alte Werft, nur wenige Meter weiter. Ein Ort, der seit Jahren leer stand – aber noch immer den Geruch von Maschinenöl und Lagerfeuern in den Mauern trug.

„Wir bringen den Kaffee dorthin. Die Show findet statt. Mit oder ohne Bühne."

Nick sah mich an. „Du bist verrückt."

Ich grinste. „Ich bin Hamburgerin."

Während Kaja die Gäste umleitete und Käpt'n Hein über Funk die Barkassen neu navigieren ließ, trugen wir alles in die alte Werfthalle. Es war kalt, zugig – aber voller Seele. Auf einem umgedrehten Ruderboot platzierten wir den Röster. Nick entzündete die Flamme, ich holte das Silberdöschen hervor.

Und dann: der Moment.

19:12 Uhr. Stille. Alle Uhren standen still. Alle Blicke waren auf uns gerichtet.

Ich öffnete das Döschen. Nahm die Bohnen heraus. Und ließ sie – ganz langsam – in die Rösttrommel fallen.

Diese einzigartigen Klänge hallten durch die Halle. Und dann… kam der Duft. Warm. Tief. Wahr.

Der Duft breitete sich aus wie ein Gedicht. In Wellen. In Geschichten. Menschen standen still, hielten ihre Tassen fest, als hielten sie etwas Heiliges. Und für einen Moment war es, als hätte Hamburg selbst den Atem angehalten.

Nick sah mich an. „Der perfekte Röstgrad.“

Kaja mahlte sie perfekt, gab sie zum Ankelblend und brühte diesen auf. Der Duft war magisch!

Und dann kam der Moment...

Ich nickte. „Jetzt.“

Er öffnete das Ventil. Der Kaffee lief. Dunkel, glänzend, wie flüssige Hafenliebe. Kaja verteilte Becher, Käpt'n Hein stimmte auf seiner Mundharmonika ein altes Shanty an – La Paloma – und draußen schneite es endlich.

Doch genau in dem Moment, als ich den ersten Schluck nahm, ging die Tür der Werft auf – und der Kontrolleur trat ein.

Schwarz gekleidet wie immer. Kalte Augen. Die Unterlassungsverfügung in der Hand. Hinter ihm stehen zwei Männer in Anzügen. Behörden.

Er schritt durch die Menge wie ein Schatten durch das Licht.

„Sie wissen, was das bedeutet“, sagte er. „Das ist illegal.“

Ich trat ihm entgegen. „Das war notwendig.“

Er hielt mir das Schreiben vor das Gesicht. „Sie haben sich über Vorschriften hinweggesetzt, den Brandschutz missachtet, ein öffentliches Event ohne Genehmigung durchgeführt—“

„Sie haben sich über Menschen hinweggesetzt!“, unterbrach ich. „Über Seelen, über Geschichte, über alles, was Hamburg ausmacht.“

Ich hielt ihm meine Tasse entgegen.

„Trinken Sie.“

Ein Raunen ging durch die Menge.

Er starrte mich an. Dann nahm er die Tasse. Riecht daran. Nahm einen kleinen Schluck.

Pause.

Sein Gesicht veränderte sich nicht. Bis ein Zucken über seine Oberlippe huschte. Dann… ein Seufzen. Tief. Alt. Echt.
„Dieser… Kaffee.“

Ich nickte. „Ja.“

Er sah auf das Papier in seiner Hand. Zerriss es langsam. Die Fetzen segelten zu Boden wie Schneeflocken aus der Bürohölle.

„Ich war vor Jahren mal Röster. In Altona. Meine Frau hat diesen Duft geliebt."

Stille.

„Danke", sagte er. Nur das eine Wort. Dann drehte er sich um – und ging. Ohne Begleitung. Ohne Schatten.

Die Menge brach in Jubel aus. Kaja tanzte. Hein sang lauter. Und ich?

Ich trank. Langsam. Mit Nick neben mir. Unsere Schultern berührten sich.

„Was war das gerade?", flüsterte er.

Ich sah in seine Augen.

„Ein Wunder. Gebrüht in Hamburg."

23. Dezember

Hafenherzen

Ein Tag vor Weihnachten.

Die Nacht hatte sich über Hamburg gelegt wie ein warmer, duftender Vorhang. Der Nachhall des Röstfestes vibrierte noch in der Luft, selbst der Nebel schien sich in feiner Crema auf die Dächer zu legen. Die alten Lagerhäuser funkelten, als hätten sie sich extra für den Ankerblend in Schale geworfen.

Ich saß auf der Reling von Käpt'n Heins Barkasse, eine Tasse in der Hand, eine Decke über den Beinen und neben mir: Nick.

„Weißt du“, begann er, „wenn man lange genug durch die Welt schippert, verliert man irgendwann den Glauben daran, irgendwo festzumachen.“

Ich drehte mich zu ihm. „Und jetzt?“

Er lächelte. „Jetzt frage ich mich, wie ich so lange ohne dich anlegen konnte.“

Ich lachte. Leise. Weil mein Herz es so wollte. Und weil ich spürte, dass es sich öffnete – wie ein Hafen im Morgengrauen, bereit, ein neues Schiff willkommen zu heißen.

„Du bist ein ganz schöner Kaffeekasper, weißt du das?“

„Aber ein zuverlässiger. Ich habe dich doch immer wach gehalten, oder?“

„Stimmt“, sagte ich und stupste ihn mit dem Ellbogen an. „Aber wehe, du bringst mir irgendwann mal entkoffeinierten Quatsch ins Haus.“

„Kommt nicht vor.“

Wir blickten gemeinsam auf das Wasser. Es glitzerte. In den Fenstern der Speicherstadt leuchteten Sterne aus Papier, manche Lichter blinkten ungeduldig wie Kinderherzen vor Heiligabend. Käpt'n Hein saß vorne und summte, als wäre die Welt endlich im Takt.

Dann kam Kaja an Bord. Mit einem riesigen Umschlag unter dem Arm und einem Grinsen im Gesicht, das verdächtig nach Sensation roch.

„Was ist das?“, fragte ich.

Sie reichte mir den Umschlag. „Ein Brief. An dich. Handschriftlich. Kein Absender. Aber ich wette, du willst wissen, was drin ist.“

Ich zog das Papier heraus. Faltete es auf.

Mein Herz setzte aus.

„Liebe Vanessa,

ich schreibe dir diesen Brief mit einem Lächeln – denn du hast etwas vollbracht, was ich für unmöglich hielt: Du hast Hamburg daran erinnert, wie Kaffee schmeckt, wenn er mit Liebe gemacht wird. Ich habe euch beobachtet. Still. Und mit wachsendem Respekt.

Ich war vielleicht zu hart, zu lange. Vielleicht war ich neidisch, dass ich nie etwas hatte, was ich wirklich liebte. Außer Kaffee. Und Hafen. Und... vielleicht sogar diesen verdammten HSV.

Der Ankerblend gehört jetzt dir. Aber eines fehlt noch – die letzte Bohne. Die, die in Wahrheit gar keine Bohne ist.

Such in der Rösterei. Im Herz des Herzens. Wo alles begann.

Frohe Weihnachten – und danke.

Ein alter Schatten"

Ich sah Nick an. Kaja hatte Tränen in den Augen.

„Das war der Kontrolleur", flüsterte sie.

Ich nickte. „Und er hat noch eine letzte Überraschung für uns."

Wir kehrten in die Rösterei zurück – mitten in der Nacht. Hamburg schlief unter einem Mantel aus Lichtern, während wir leise durch die dunkle Speicherstadt gingen. Kein Laut außer dem Knirschen des Schnees unter unseren Sohlen.

Die Rösterei war kalt, aber nicht leer. Sie atmete. Jeder Sack, jede Bohne, jeder Schlauch – alles hatte eine Geschichte. Und irgendwo hier… musste sie sein: die letzte „Bohne“, wie der Kontrolleur geschrieben hatte. Die, die gar keine war.

Ich trat langsam an Blomes alten Röster. Das Herzstück. Die Trommel, die er von Hand betrieben hatte, jahrzehntelang. Der Lack war abgeplatzt, die Kurbel aus Messing stumpf. Und doch – sie roch immer noch wie frisch gebrühter Mut.

„Was meinte er mit ‚Herz des Herzens‘?“, murmelte Nick.

Ich beugte mich hinunter, öffnete das kleine Reinigungsfach unter der Trommel. Es war leer. Dann die Klappe für den Probenzieher. Nichts.

Dann fiel mein Blick auf den Sockel – die alte Holzkiste, auf der der Röster stand. Blome hatte nie zugelassen, dass sie bewegt wurde.

„Hilf mir“, sagte ich zu Nick.

Zusammen hoben wir den Röster leicht an – schwer, warm, ehrfürchtig. Darunter: eine Klappe im Boden der Kiste. Verschraubt.

Kaja reichte uns ihr Taschenmesser. „Na los, Kapitänin."

Ich schraubte.

Langsam hob sich das Holz. Und darunter… lag ein kleines, samtenes Kästchen. Schwarz, mit einem goldenen Anker darauf geprägt. Kein Schloss.

Ich öffnete es.

Darin lag ein Ring.

Ein schlichter Goldring, auf dessen Innenseite eingraviert stand:

„Für die, die bleiben – wenn alle anderen gehen."

Darunter lag ein Foto. Blome – jung, lachend – neben einer Frau, die ihm sehr ähnlich sah. Meine Mutter.

Nick trat einen Schritt näher. „Das war seine Schwester …"

Ich schluckte. „Meine Mutter."

Kaja holte eine Karte hervor, die unter dem Kästchen lag.

Es war eine handgezeichnete Bohne – das Symbol des Ankerblends. Und darunter ein einziger Satz:

„Liebe ist der letzte Blend."

Ich setzte mich auf den Boden der Rösterei. Den Ring in der Hand. Und während draußen langsam der Morgen dämmerte und der Hafen sich für den Heiligabend rüstete, wusste ich:

Dies war keine Geschichte über Kaffee.

Es war eine Geschichte über Heimat. Über das Bleiben. Über das Loslassen.

Und über das Ankommen.

Nick setzte sich neben mich. Unsere Schultern berührten sich wieder. Er nahm meine Hand. Und diesmal ließ ich sie nicht mehr los.

Morgen ist Weihnachten.

Und wir waren endlich zu Hause.

24. Dezember

Weihnachten in der Rösterei

Heiligabend.

Die Speicherstadt war eingehüllt in goldenes Morgenlicht. Der Schnee glitzerte, als hätte sich der Himmel selbst in Zuckerguss gehüllt. Barkassen tuckerten leise durch die Kanäle, ihre Lichter spiegelten sich wie kleine Wunder im Wasser. Es war still – aber nicht leer. Die Stadt hielt den Atem an. Für das Fest. Für den Moment.

Und mittendrin: wir.

Die Rösterei war festlich geschmückt. Mit alten Kaffeesäcken als Girlanden, rot-weiß karierten Tischdecken auf Fässern und dampfenden Tassen, die niemandem mehr gehörten, weil sie längst allen gehörten. In der Ecke hatte Kaja einen Tannenbaum aus Kaffeetassen gestapelt – schief, aber voller Herz. Und Hein saß auf einem Hocker und erzählte einem halben Dutzend Kindern Seemannsgarn – von sprechenden Kaffeebohnen und Barkassen, die gegen den Strom denken konnten.

Nick steht am Röster. In der einen Hand eine Bohne, in der anderen eine neue Rezeptur. „Blend 25“, nannte er ihn. Für das neue Jahr. Für ein neues Kapitel.

Ich trat neben ihn.

„Darf ich?“, fragte ich und legte meine Hand auf die Kurbel.

Er sah mich an. „Immer.“

Wir rösteten gemeinsam. Langsam. In Stille. Nur das Knistern der Bohnen, das leise Ticken der Trommel und draußen das ferne Läuten einer Kirchenglocke.

„Blend 25“, murmelte ich. „Wie würdest du ihn beschreiben?“

Nick grinste. „Kräftig. Warm. Mit überraschender Tiefe. Und einem Hauch von bittersüßer Vergangenheit.“

Ich schmunzelte. „Klingt wie du.“

„Oder wie du.“

Wir sahen uns an. Die Art von Blick, bei dem Worte überflüssig werden. Ich spürte seine Hand in meiner. Und inmitten all des Trubels, der Düfte, der Stimmen – war da nur Ruhe. Und Herzklopfen.

Dann ging die Tür auf.

Und ein Strom aus Menschen trat ein – Nachbarn, Gäste, Barkassenfahrer, Fans, Freunde. Manche mit

Torten, andere mit Geschichten. Einige mit HSV-Schals, andere mit St.-Pauli-Aufnähern – und alle mit einem Becher in der Hand. Niemand diskutierte. Nicht heute.

„Heute", sagte Hein laut, „ist Weihnachten. Und das heißt: Kaffee für alle. Selbst für St. Pauli-Fans."

„Und HSV-Fans dürfen auch zweimal!", rief Kaja und hob ihre Tasse.

Gelächter. Applaus.

Ich trat in die Mitte der Rösterei und hielt meine Tasse hoch.

„Danke", sagte ich. „Fürs Mittrinken. Fürs Nicht-Aufgeben. Fürs Hamburg-Sein. Und für den Glauben daran, dass auch die bitterste Bohne süß enden kann."

Und dann – ganz langsam – begann das Glockenspiel vom Michel zu spielen. Ganz real. Ganz leise. Ganz perfekt.

Wir alle tranken.

Die Melodie des Michels war wie ein Segel, das sich in warme Erinnerungen spannte. Und jeder in diesem Raum – ob Kaffeeliebhaber, Barkassenkapitän, HSV-Fan oder St. Pauli-Ultra – schien einen Moment lang dieselbe Sprache zu sprechen: die Sprache des Herzens. Und des Kaffees.

Ich stand bei der alten Holzkiste, in der der Ring gelegen hatte. Ich hatte ihn heute getragen – nicht wie Schmuck, sondern wie ein Versprechen. An Hamburg. An mich selbst.

Nick trat neben mich, sah mich an, ohne zu reden. Er musste nicht. Ich spürte, was er dachte. Dass Heimat nicht aus Backsteinen besteht. Sondern aus Menschen. Aus Momenten. Und aus Mut.

„Bleibst du?“, fragte er leise.

Ich nickte. „Ich glaube… ich war nie wirklich weg.“

Dann, ohne große Gesten, ohne Dramaturgie, küsste er mich. Warm. Ehrlich. Wie der erste Schluck nach einem langen Tag. Um uns herum brandete Jubel auf, aber ich hörte ihn kaum. Ich hörte nur das Pochen meines Herzens – und seins.

Kaja trat dazu, grinste breit und wischte sich verstohlen eine Träne aus dem Augenwinkel.

„Wenn ihr jetzt auch noch heiratet, kannst du dein Krimimanuskript gleich als Liebesroman umschreiben. Oder ich tue es...“

„Hast du etwa mitgeschrieben?“, fragte ich.

Sie blinzelte. „Vielleicht. Mit Fußnoten. Und Kapiteln über die Röstzeiten."

Hein hob seine Tasse. „Auf Blend 25! Und auf Hamburg, die schönste Stadt der Welt – mit dem besten Kaffee und den verrücktesten Menschen."

„Und auf den HSV!", riefen welche.

„Und auf Pauli!", rief ein anderer.

„Und auf den Frieden!", rief Kaja. „Denn Kaffee kennt kein Derby! Kaffee kennt nur Liebe!"

Lachen, Klirren, Umarmungen.

Ich sah hinaus auf den Hafen. Lichter spiegelten sich auf dem Wasser. Schneeflocken fielen wie leise Versprechen vom Himmel. Und irgendwo ganz fern hörte man eine Barkasse hupen – dreimal kurz, einmal lang.

Ein Seemannsgruß.

Der Ankerblend war zurück.

Aber viel wichtiger: Wir waren angekommen. In einer Stadt, die nie stillsteht. In einer Rösterei, die atmet. Und in einer Geschichte, die mit jeder Tasse weitergeschrieben wird.

Und wenn du, liebe Leserin, lieber Leser, an einem kalten Dezembermorgen in Hamburg bist, dann geh in die Speicherstadt. Such die kleine Rösterei mit dem goldenen Anker über der Tür. Vielleicht bekommst du einen Becher Blend 25. Vielleicht sogar einen Kuss.

Und ganz sicher: ein Zuhause.

Frohe Weihnachten.

Und bis zum nächsten Schluck.

ENDE

Danke und nun mal Tacheles

Moin du,
ja genau – du, der du bis hierher gelesen, geschnuppert, geschmunzelt und vielleicht auch mal laut gelacht hast (oder wenigstens leise genickt hast wie ein alter Lotse bei Windstärke 8):
Danke.

Danke, dass du dich eingelassen hast auf diesen kleinen, kriminell-koffeinierten Adventskalender, auf diese Geschichte voller Hafenflair, Kaffeedunst, Hamburger Herz und hanseatischem Hirngespinst.

Danke, dass du
– ob HSV oder St. Pauli –
mit offenen Augen und warmem Herzen durch diese Seiten gesegelt bist.

Danke an Hamburg,
dass du nie langweilig bist,
immer ein bisschen ruppig,
immer ein bisschen romantisch –
und dass du morgens nach Kaffee und Hafen riechst.
Mehr braucht's nicht zum Glücklichsein.

Und ein ganz besonderer Dank geht an den wahren Helden dieser Geschichte:
den Kaffee.

Du schwarzer, heißer Seelentröster,
du Elixier des Denkens,
du Motor so mancher Wahnsinnsidee.
Ohne dich wär das hier bloß Papier mit Buchstaben.
Mit dir wird's ein bisschen Magie.

Und – bevor ich's vergesse –
Danke, Abschlach!
Für einen der besten Ohrwürmer ever: „Mein Hamburg lieb ich sehr".
Der Song ist wie'n frisch gezapftes Holsten vorm Sonnenuntergang an den Landungsbrücken: ehrlich, rührend und nordisch wie 'ne steife Brise mit Herz.
Ich konnt einfach nicht anders – der musste hier rein.
Sorry, St. Pauli, dass ich euch mitsingen ließ …
Aber sind wir mal ehrlich: In so 'nem Moment singen selbst die Kiezkicker mit, oder?

Also bleib wie du bist –
ob nun Leser, Bohne oder Barkassenkapitän.

Und denk immer dran:
Leben ist wie ein guter Kaffee –
am besten heiß, mit Seele und bitte ohne Tüddelkram.

In Dankbarkeit und mit einem warmen „Moin" aus'm Herzen,

Deine Karo

Karoline Gkotses

Mit Herz für Hamburg, Krimi und Kaffee

Karoline Gkotses lebt mittlerweile im Umland von Hamburg, aber arbeitet seit über 12 Jahren im Hamburger Kaffeesektor mitten im Herzen der schönsten Stadt der Welt.

Kaffee ist für sie mehr als ein Getränk – er ist Ritual, Trost, Anker und Leidenschaft.
Dazu ein gutes Verbrechen, ein bisschen Schnack und ganz viel Hamburg? Perfekt.

So entstand ihr erster Adventskalender-Krimi: koffeinhaltig, warmherzig und mit ordentlich norddeutscher Note.

Kriminell gemütlich – wie ein starker Kaffee an 'nem grauen Hafenmorgen.

Mehr von der Autorin

Wenn dir "Tödlicher Kaffee" gefallen hat, dann wirst du auch in den anderen Büchern von Karoline Gkotses dunkle Abgründe, starke Figuren und überraschende Perspektiven finden.

"Lauf. Die Jagd hat längst begonnen."
(ISBN 978-3-8190-3985-0)

Die Stille der Heide ist eine Lüge.

Bryan will nur eines: einen Neuanfang, fernab von allem, was ihn zerstört hat. Doch kaum ist er angekommen, spürt er es – ein unsichtbarer Blick, ein Schatten in der Ferne, ein Name in seinem Kopf, der nicht mehr weicht: Bruno.

Dann reißt ihn die Dunkelheit fort. Als er die Augen wieder öffnet, ist nichts mehr, wie es war. Etwas lauert. Beobachtet. Wartet.

Und plötzlich zählt nur noch eins: Überleben.

Ein gnadenloser Psychothriller über Angst, Macht und die Jagd, die längst begonnen hat.

Karoline Gkotses
Kaffee, Liebe und Legenden
Humorvolle Geschichten aus der Welt des Kaffees
LA MARZOCCO
Casanova in Venedig
Kaffee + Botanik

"Kaffee, Liebe und Legenden"
(ISBN 978-3-8187-6117-2)

Tauche ein in die duftende Welt von Kaffeegenuss und kuriosen Geschichten! Dieses Buch serviert dir spannende Legenden, süße Liebeserklärungen an die schwarze Bohne und herrlich humorvolle Fakten, die dich schlauer (und wacher!) machen. Perfekt für alle, die Kaffee nicht nur trinken, sondern lieben – mit einer Prise Witz, einem Hauch Romantik und einer Extraportion Genuss. Schnapp dir eine Tasse und lass dich verführen – Lachen und Staunen garantiert!

Karoline Gkotses
FJORD
DES GRAUENS
Psychothriller

"Fjord des Grauens"
(ISBN 978-3-8190-8201-6)

Ein abgelegener Fjord. Eine verschwundene Wahrheit. Und jemand, der sich entschieden hat, sie aufzudecken – ob er will oder nicht. Als Lisa und Mark ihren Urlaub in einem abgelegenen Ferienhaus in Dänemark beginnen, ahnen sie nicht, dass sie bald in die Fänge eines Mannes geraten, der nichts dem Zufall überlässt – außer vielleicht der Wahl seiner Opfer. Während die Gefahr sich nähert, betritt ein selbsternannter Journalist die Bühne. Tollpatschig, fehl am Platz – und doch genau richtig. Ein Psychothriller, der tief geht, schmerzt – und mit skurrilem Humor dort grinst, wo man am wenigsten damit rechnet. Düster. Brutal. Und überraschend komisch.

Und wer jetzt denkt, das sei eine wilde Mischung — stimmt. Aber genau so liebt sie es. Denn das Leben ist schließlich auch nicht immer ein Genre.
Und mit einer guten Tasse Kaffee in der Hand lässt sich sowohl Romantik als auch Wahnsinn wunderbar ertragen. Oder?

ISBN 978-3-8197-3679-7
9 783819 736797 00002
www.epubli.com

Printed in Germany
by Amazon Distribution
GmbH, Erfurt

11405277R00117